무엇보다 인성 좋은 아이로 키워라

전도근 · 심수연 공저

교육과학사

| 머리말 |

오늘날 메스컴에서는 학생들의 학교 폭력과 왕따 문제가 심각해지고, 사회를 떠들썩하게 하는 청소년 범죄와 청소년 자살률이 세계 최고가 되면서 '인성 교육'의 중요성이 날로 높아지고 있다. 최근 한국교육개발원의 설문조사에 따르면 일반인, 학부모, 교사 모두 '학생에 대한 인성 교육 강화가 시급하다'고 생각하는 것으로 나타났다. 아울러 박근혜 대통령이 취임 후 처음으로 교육현장을 찾아 "경쟁 일변도에서 벗어나 인성과 창의력을 키우는 교육방식으로 바뀌야 한다"고 말해 인성교육이 우리 교육의 당면과제로 떠올랐다. 당장의 공부를 잘하는 성공보다 지속적으로 성공하는 아이로 키우고 싶다면, 이젠 인성 교육에 주목해야 할 때다.

사회가 불안정하고 교육 정책의 혼란이 가중될수록 많은 사람들은 인성 교육의 필요성을 강조한다. 인성 교육이란 한 사람이 갖고 있는 생각, 감정, 행동을 더 좋은 가치로 향상시키는 것을 말한다. 인성 교육의 중요성이야 비단 어제 오늘의 일이 아니지만, 갈수록 사회가 메말라 가고 있으며, 충동적 살인, 묻지 마 살인 등 충격적인 일들이 자주 발생하고 있음에 그 심각성이 더욱 증가하고 있다. 이런 사건의 공통점은 인성이 부족하거나 인성교육을 제대로 받지 못해서 생겼다는 것이다.

인성 교육은 학교에서만이 아니라 아이를 둘러싸고 있는 가정과 사회도 같이 참여해야 한다. 그러나 무엇보다 중요한 것은 바로 가정에서부터 인성 교육이 시작되어야 한다는 것이다. 인성은 어릴 때 형성되어서 평생 영향을 받는 것이기 때문에 가정을 제외하고서는 인성 교육을 이야기하는 것은 무의미하다.

예로부터 우리나라의 부모들은 자기 자녀를 큰 인물로 만들기 위해 자신을 희생하는 것을 당연하게 생각하고 자랑으로 여겨 왔었다. 모든 부모의 가장 큰 소원은 자식이 공부 잘하고, 남보다 앞서고, 일류 대학에 입학하고, 좋은 직장에 취직하는 것이다. 그래서 아이들이 어릴 때부터 과도한 공부를 시키며, 아이들이 원하는 모든 것을 해주다 보니, 우리 아이들은 한없이 연약해지고, 자기밖에 모르고, 인성은 무너져가고 있다.

오늘날 부모들은 교육에 대한 이해 부족으로 인해 교육이 자기 자녀의 출세를 위한 수단으로만 생각하는 경우가 대부분이다. 그러나 교육의 진정한 목적은, 바람직한 사람을 기르는 것이며, 교육의 내용은 지식이 있어야 하며, 교육의 방법은 인간적이어야 한다.

이제 부모들은 공부를 잘하게 하는 자녀 교육보다는 자녀의 인성 함양을 위한 자녀 교육에 더 큰 관심을 가져야 한다. 요즘은 공부를 아무리 잘해도 인성이 나쁘면 결코 성공할 수 없다. 따라서 자녀의 점수 한 점 더 올리는 것보다, 좋은 인성을 지닌 인간으로 자랄 수 있게 기초와 기본을 몸에 익혀 주어야 하는 데도 깊은 관심을 가져야 한다. 그리고 좀 더 강한 아이로, 남을 배려하는 아이로, 정직과 공평을 소중히 여기는 아이로, 자기주도적인 삶을 살 수 있는 아이로 자라게 하는 데 역점으로 두어야 한다.

가정교육은 결코 간단하지 않으며 그 길은 어렵고도 힘든 여정이다. 왜냐하면 어디로 튈지 모르는 미완성된 인격을 가진 아이를 성공적인 인격체로 키워가기 위해서는 고도의 전문성과 사랑이 있어야만 가능하기 때문이다.

이 작은 책을 통해 성공하는 자녀보다는 인성이 좋은 자녀를 위해 가정교육에 애쓰는 많은 부모님들에게 작은 힘이나마 보탤 수 있는 씨앗이 발아되기를 욕심껏 기대해 본다.

일산의 서재에서
전도근 드림

CONTENTS

CONTENTS

CONTENTS

Ⅰ. 왜! 인성이 실력인가?

인성은 자신만의 생활스타일로서 다른 사람들과 구분되는 지속적이고 일관된 독특한 심리 및 행동 양식을 말한다. 비슷한 뜻으로는 인격, 인간성, 성품이라고도 한다. 인성은 사람 됨됨이가 일정한 가치 기준에 도달했을 때를 의미한다.

1. 인성이란 무엇인가?

인성은 사람마다 정의하는 것이 달라서 한마디로 표현하기가 쉽지 않다. 성격이나 인격으로 통용되기도 하는데 일반적으로 인성이란 자신만의 생활스타일로서 다른 사람들과 구분되는 지속적이고 일관된 독특한 심리 및 행동 양식을 말한다.

인성은 자신에게만 영향을 미치는 것이 아니라 타인에게도 영향을 준다. 즉 어떤 인성을 가진 사람은 타인에게 불쾌감과 긴장, 갈등을 느끼게 하지만 어떤 인성을 가진 사람은 남에게 편안함과 신뢰성을 느끼게도 한다. 따라서 올바른 인성을 지닌 사람은 타인과의 관계에서도 긍정적인 효과를 나타내고, 자신의 삶을 영위하는 데 있어서도 매우 긍정적이다.

이처럼 인성이란 포괄적인 개념으로, 이에 포함되는 심리적 특성은 성격, 기질, 인격 등으로 주로 정서, 가치지향과 같은 정의적 측면과 연관되어 있으며 인간교육이나 인격교육과 맥락을 같이한다고 볼 수 있다.

이러한 인성은 문화인류학적인 입장에서 보는 사람은 어려서의 수유(授乳), 이유(離乳), 배설(排泄) 등의 훈련에 의해 생기기 때문에 인성의 형성에는 유아기(幼兒期)의 경험이 매우 중요하다는 것이 강조되고 있다. 우리나라 속담에도 "세 살 버릇 여든까지 간다"라는 말이 있듯이 어릴 때 구축된 인성은 평생을 좌우한다고 봐도 과언이 아니다. 따라서 어릴 때 가정에서 하는 인성 지도야말로 아이의 인생을 결정하는 중요한 요인이 된다고 할 수 있다.

인성은 자신만의 심리 및 행동양식으로 올바른 인성을 가지려고 노력하면 올바른 행동이 결정되고, 올바른 행동이 반복되면 좋은 습관이 되고, 좋은 습관은 훌륭한 성품을 이루게 되고, 훌륭한 성품은 그 사람의 운명을 결정한다. 결국 인간의 운명은 어떤 인성을 갖느냐에 따라 결정된다. 그러므로 성공하는 자녀를 원한다면 어릴 때부터 집에서 자연스럽게 올바른 인성을 갖도록 부모가 인성지도를 해주어야 한다.

부모의 인성지도란 아이의 성격, 사고, 신념, 가치, 태도, 감정, 자세를 포함한 전 인격적 품성을 함양하는 지도를 말한다. 부모가 하는 인성지도는 마음의 바탕을 바르게 하도록 지도하고 사람 됨됨이를 높게 지도하는 것으로 인간의 행동 규범과 가치관 정립에 주요인이 되는 감성과 이성을 동시에 계발하여 긍정적인 태도를 갖게 함으로써 바람직한 사회인으로 성장시키는 전인교육이라고 할 수 있다. 집에서 자연스럽게 이루어지는 기상 · 식사 · 인사 · 수면 등의 기본 생활습관부터 예절 · 대화 · 학습 · 놀이 등의 사회생활까지 자연스럽게 올바른 습관으로 형성할 수 있다. 결국 부모의 인성지도는 아이의 도덕심, 사회성, 정서를 포함한 바람직한 인간으로서의 성품을 기르는 교육이라고 할 수 있다.

인성지도는 인간 교육, 인격교육, 덕성교육과 비슷한 의미로 사용하지만 인간교육은 덕성과 능력을 신장시키는 교육임에 비해 인성지도는 주로 덕성 함양에 중점을 두고 있다. 그러나 인간교육 역시 지 · 덕 · 체가 겸비된 조화로운 인간 양성이라는 점에서 인성지도와 큰 차이가 없다.

인성지도란 마음의 바탕을 교육한다는 것은 마음의 구성요소인 지, 정, 의를 교육하는 것이고, 사람 됨됨이를 교육한다는 것은 인간으로서 바람직하고 보편타당한 가치를 추구하며 그 가치를 완성할 수 있도록 지도하는 것이다. 인성지도를 통해 성숙한 인성을 가진 사람이 많은 사회가 될수록 바람직하고 발전 가능성이 커지기 때문에 이런 점에서 인성지도는 매우 중요하다.

2. 인성이 왜 중요한가?

현대 사회의 가장 특징적인 측면 중에 하나는 급속한 과학기술의 발달과 산업화가 인간생활을 물질적으로는 풍요롭게 만들어주고 있으나, 이러한 물질적 풍요로움의 그늘에는 여러 가지 사회적으로나 경제적으로 문제점들이 나타나고 있다는 점이다. 그리고 우리 사회도 서구 사회처럼 핵가족화 현상, 맞벌이 부부의 증가, 자녀 수의 감소 현상 등 가족 형태와 구조의 변화를 가져오고 있는 것이다. 이러한 가족 형태와 구조의 변화는 혈연을 중심으로 형성된 우리나라의 전통적인 가족 기능에도 큰 변화를 가져오고 있다.

산업화 이전 우리의 가정은 예의범절과 올바른 생활습관, 올바른 가치관 성립과 공동생활 규범 등 인간으로서 지녀야 할 개인적인 덕목들과 국가·사회유지 발전을 위한 사회적 가치관을 형성하는 인성지도의 중요한 역할을 담당해 오고 있었다. 그러나 현대사회의 급속한 산업화 현상과 사회 변화로 가족의 기능이 점차 축소되고 제 기능을 다하지 못하고 있는 것이다.

가정의 역할을 중요시했던 대가족 문화에서 새롭게 형성된 핵가족 문화와 사회경제 체제의 급속한 변화는 사회구성원 간, 특히 세대 간의 깊은 갈등을 야기시키고 있다. 또한 가정교육의 약화는 개인의 가치관 혼란을 넘어 사회분열의 양상으로 확대되어 가고 있다는 점에 그 문제의 심각성이 큰 것이라고 설명할 수 있다.

실제로 이러한 결과는 학교 폭력, 세계최고의 청소년 자살률, 사회를 떠들썩하게 하는 청소년 범죄, 존속 상해 및 살인 사건 수가 늘어나면서 그 어느 때보다 '인성 교육'의 중요성이 날로 높아지고 있다.

학교 폭력의 심각성

교육과학기술부는 2012년 전국의 초등학교 4학년부터 고교 3학년까지 학생 500만 명을 대상으로 학교폭력 실태조사를 하여 다음과 같이 밝혔다.

조사 결과 응답자 중 8.5%(32만1000명)가 최근 6개월 동안 학교폭력을 경험한 적이 있다고 답했다. 그 중 초등학생 응답자 중 11.1%인 13만4000명이 폭력 피해 경험을 토로했고 그 뒤로 중학생 10.0%(13만6000명), 고교생 4.2%(5만1000명) 순이었다. 피해 학생 성별로는 남학생(20만3000명 · 10.5%)이 여학생(11만8000명 · 6.4%)보다 많았다.

유형별 피해 건수는 모두 56만 건으로 심한 욕설이 전체 중 33.9%로 가장 많았고 물건(돈) 빼앗김(16.2%), 집단 따돌림(11.4%)이 뒤를 이었다. 피해 빈도가 일주일에 1~2회 이상이고 4개월 이상 지속된 심각한 피해는 전체 중 19.6%(11만건)에 달했다.

사회적 상호작용 부족

세계의 통계 지표를 보면 우리나라 학생들의 '지적 역량'은 비교대상 36개국 중 2위이나 흥미도는 최저 수준이고 자기 주도 학습 능력도 65개 나라 중 58위에 머물고 있다. 특히 심각한 것은 '사회적 상호 작용 역량'에선 36개국 중 35위에 불과하다. 그리고 '관계 지향성' 영역에서 최저점으로 인도네시아의 절반 수준에 불과하다. 결국 우리나라 학생들은 다른 나라 학생들에 비해 인간관계가 부족하며 그만큼 고립되어 있다는 것을 알 수 있다. 이러한 결과 우리나라 중 · 고교생 중 17%는 우울 증세를 보이고 있는 것으로 나타났다.

사회적 상호작용이 부족한 원인을 보면 우리나라 학생들은 자라면서 햇볕을 쪼이는 양과 운동량, 수면량, 모유 수유율 등은 경제협력개발기구(OECD) 국가 중에 가장 낮다. 결과적으로 아이들의 사회적 상호작용을 높이기 위해서는 어릴 때부터 사회적 상호작용을 늘리는 인성지도가 필요하다.

학업중단자 증가

통계청 자료를 보면 우리나라 초·중·고등학교 학생 중 매년 7만 명 가량의 이 학교를 중도에 그만두는 것으로 나타났다. 전국적으로 하루에 20명의 학생이 학교를 그만둔다는 것이다. 2012년 학업을 중단한 학생이 6만 8000명을 넘는다. 이 중 고등학교 학업중단자가 3만 5000여 명으로 절반을 차지한다. 학업 중도 포기자 중 가장 큰 비율을 차지하는 고등학생의 경우 학교 부적응으로 인한 자퇴가 50%, 학업관련이 28%로 높게 나왔다. 상당수 학생들이 공부를 따라가지 못하거나, 학습의욕 상실로 학교를 떠난다는 얘기다.

자살률 증가

우리나라 자살률은 경제협력개발기구(OECD) 회원국 가운데서 '자살 1위국'이라는 오명을 벗지 못하고 있다. 2012년 우리나라 인구 10만 명당 자살 인구는 29명으로 OECD 평균인 12명보다 배 이상 많았다.

더욱 문제인 것은 OECD 국가의 평균 청소년 자살률은 낮아지고 있는데, 우리나라 청소년 자살률은 높아졌다. 통계청에 따르면 2010년 한 해 10~19세 청소년 자살자는 353명으로 거의 매일 한 명꼴로 청소년들이 죽어가고 있다. OECD 31개 회원국의 아동청소년(10~24세) 자살률은 2000년 7.7명에서 2010년 6.5명으로 감소했지만 우리나라는 6.4명에서 9.4명으로 46.9% 증가했다. 10년 만에 순위가 18위에서 5위로 뛰어올랐다. 증가율로는 칠레(52.9%)에 이어 두 번째다.

통계청이 지난해 발표한 20세 이상 성인은 자살충동 이유로 경제적 어려움(42.6%), 질환 · 장애(14.4%), 외로움 · 고독(13.2%)을 꼽았다. 그러나 청소년(13~19세)은 성적 및 진학문제(39.2%), 가정불화(16.9%), 경제적 어려움(16.7%), 외로움 · 고독(12.5%)순이었다. 결국 집에서 부모들이 아이들을 조금만 이해하려는 태도와 아이들의 얘기를 들어주기만 해도 청소년들의 자살률을 줄일 수 있다.

패륜범죄의 증가

경찰청의 통계자료를 보면 2008년부터 2012년까지 5년간 발생한 존속살해 범죄 건수는 총 287건으로 집계됐다. 같은 기간 부모를 폭행한 존속 상해 범죄는 총 2,193건이나 되어 충격을 준다.

2012년 친족을 상대로 범죄를 저질러 검거된 피의자는 총 2만 1,751명이었으며 범죄 유형별로 살인 259명, 강도 23명, 강간 · 강제추행 520명, 폭력 1만 5,712명 등인 것으로 나타났다. 이 중에서도 부모나 조부모 등 혈족을 살해하는 존속살인은 특히 계속 증가하는 추세다. 2008년 45건에서 2009년 58건, 2010년 66건, 2011년 68건, 2012년에는 70건의 존속살해가 발생하여 전체 살인범죄의 5% 수준이다. 이는 영미권 국가의 존속살인 비율 1~2%(영국 1% · 미국 2%)보다 높은 수치로 한국 특유의 폐쇄적인 가족 문화가 범죄 발생률에 영향을 미치고 있음을 드러내고 있다.

아직 자식의 허물을 일단 덮고 보는 전통적 문화를 고려했을 때 실제 수

치는 이보다 훨씬 더 많을 것이기 때문에 보통 심각한 문제가 아니다.

패륜범죄가 증가하는 이유는 돈 때문만이 아니다. 실제로 가해자 중에 재산이 많아 부족한 것이 없는 경우도 있기 때문이다. 패륜범죄의 원인 중에는 전통적인 수직적인 관계에서 자녀들의 의견이 무시되기 때문에도 발생한다. 이러한 문제는 너무 아이를 오냐오냐 키워 버릇없이 자라게 되거나, 타인을 배려할 줄 모르는 자세를 오랫동안 방치하게 될 경우 범죄자가 될 확률이 높다. 따라서 패륜범죄를 줄이는 가장 효과적인 방법도 가정교육에서 어릴 때부터 지속적인 인성지도로 그 해답을 찾아야 한다.

3. 인성지도는 누가 해야 하는가?

요즘 우리나라 중고등학교의 모습을 보면 온통 성적과 입시가 가장 중요한 것처럼 인식이 되어 있다. 이런 성적과 입시위주의 교육으로 인해 한창 정서적으로 민감한 학생들에 대한 전인성 교육은 제대로 이루어지고 있지 않은 것이 현실이다. 그나마 학교에서 하고 있는 각종 인성교육들은 대부분 형식적인 수업에 지나지 않기도 하고, 문제는 교사나 학교를 신뢰하지 않기 때문에 학생들이 제대로 받아들이지 않고 있다는 것이다. 그래서 청소년 문제는 줄지 않고 오히려 증가하는 추세이다.

이러한 사회적 분위기를 대변이라도 하고 있듯이 한국교육개발원이 전국 성인 1천8백 명을 대상으로 실시한 '2012년 교육 여론조사'에 따르면 우리 국민 10명 중 4명 가까이(35.8%)가 '정부가 가장 시급히 해결해야 할 교육문제'로 '학생의 인성 · 도덕성 약화'를 꼽았다. 다음으로 학교 폭력(34.5%),

높은 교육비 부담(11.6%), 교권 약화(7.2%), 학생 인권 약화(6.8%)순이었다.

이런 문제의식의 바탕에는 요즘 초·중·고 학생들의 인성·도덕성이 심각한 수준에 놓여 있다는 인식이 깔려 있다는 것을 반영한 것이다. 그러한 이유로 부모들은 그 어떤 교육보다 인성 교육은 해야 한다는 반응이 초등학교(46%), 중학교(39.5%), 고등학교(27.3%)에서도 1순위로 꼽혔다. 이러한 결과는 학생에 대한 인성 교육은 국어·수학·외국어 등 교과 교육은 물론 진로 교육, 창의성 교육, 특기적성 교육, 성교육 등을 제치고 가장 중요한 교육으로 등장하였다는 것을 의미한다. 특히 2011년 조사에서 고등학교에서의 1위는 진로 교육(28.3%)이었으나 2012년에는 인성 교육(25.1%)으로 바뀌었다. 고등학교에서조차 인성 교육이 가장 중요하게 요구되고 있다는 얘기다.

현재 부모들은 학교에서의 인성교육 부재를 지적하면서 인성교육 방법에 있어 개선과 혁신을 요구하고 있다. 그러나 입시위주의 교육제도 아래에 있는 학교는 인성교육이 주가 될 수 없기 때문에 그 한계가 있을 수밖에 없다는 것을 깨달아야 한다. 입시위주의 교육제도 자체가 바뀌지 않는 이상 별도의 인성교육프로그램은 조금은 도움은 될 수 있을지 몰라도 근본적인 문제를 해결하지는 못한다. 따라서 더 이상 학교의 인성교육 부재를 탓하고만 있을 수는 없다.

과거 우리의 전통적인 공동체 사회에서는 한 가족에 3대가 함께하는 대가족 형태가 대부분이었다. 이렇게 대 가족이 함께 공동생활을 하면서 자연스레 인성교육을 할 수 있었다. 실제로 성공한 사람들 중에는 조부모의 영향을 받은 사람이 많았다. 그러나 현대사회로 넘어오면서 핵가족화로 인한 가족 간의 유대감이 약해지고 사회전체가 과도한 경쟁을 요구하면서 과거와 같은 인성교육이 힘들어진 것이 사실이다.

인성교육은 어릴수록 효과적이고 아이들은 자연스럽게 부모님의 가치관이나 행동을 보고 습득하게 된다. 따라서 가정에서 부모들이 아이들의 미래를 위해서 인성지도를 해야만 할 때가 온 것이다. 더 이상 인성교육의 책임을 학교나 사회로 돌려서는 안 되고 가정에서 해결해야할 책임인 것이다.

우리의 자녀를 가장 잘 아는 것도 부모고, 가장 많은 시간을 집에서 보내면서, 가장 오랫동안 부모와 함께 하기 때문에 아이들의 인성에 부모가 끼치는 영향은 지대하다. 부모가 조금만 관심을 갖는다면 아이들은 생활 속에서 자연스럽게 예절, 공손, 나눔, 배려, 인내, 절제, 인간관계, 공동체의식, 기본생활 습관 등을 배울 수 있다.

4. 인성지도의 기초는 가정

여성가족부는 2010년 청소년의 가족과의 소통 관계 실태 분석결과를 발표하였다. 이 분석은 핵가족화, 맞벌이 및 한부모 가정의 증가 등으로 가족 간 소통 감소가 우려되는 상황에서 청소년의 가족관계가 청소년의 인성에 미치는 영향을 파악하는 데 도움이 된다.

연구 결과 '자녀와 대화가 부족하다'고 응답한 부모의 비율은 아버지(34.4%)가 어머니(19.8%)보다 더 높았고, 한부모(48.5%), 맞벌이부부(28.1%), 주말부부(38.9%)의 경우가 그렇지 않은 경우에 비해 더 높고, 소득계층이 하층(55.4%)인 경우가 중하류층(26.3%), 중류층(21.9%), 중상류층 이상(29.3%)인 경우에 비해 '자녀와 대화가 부족하다'는 응답이 더 높았다.

'부모와 대화가 부족하다'고 응답한 자녀의 비율은 딸(25.1%)이 아들

(20.1%)보다 더 높았고, 아버지(33.5%)와의 경우가 어머니(11.7%)와의 경우보다, 고등학생(26.8%)이 중학생(20.0%)이나 대학생(21.5%)보다 더 높았다.

'자녀와 대화가 부족하다고 응답한 부모(26.9%)'가 '부모와 대화가 부족하다고 응답한 자녀(22.6%)'보다 높은 것으로 나타나, 결국 부모와의 대화보다는 자녀와의 대화를 더 원하고 있는 것을 알 수 있다.

'자녀를 잘 이해할 수 없다'고 응답한 부모의 비율은 어머니(19.4%)가 아버지(12.2%)보다 더 높았고 한부모(55.9%), 맞벌이부부(17.4%)인 경우가 그렇지 않은 경우에 비해 더 높고 소득계층이 하층(33.0%)인 경우가 중하류층(10.3%), 중류층(18.4%), 중상류층 이상(5.2%)인 경우에 비해 '자녀를 잘 이해할 수 없다'는 응답이 더 높았다.

'부모가 나를 잘 이해하지 못하신다'고 응답한 자녀의 비율은 아들(23.6%)이 딸(16.7%)보다 더 높았고, 어머니(22.2%)의 경우가 아버지(18.2%)의 경우보다, 대학생(23.0%)이 중학생(19.3%)이나 고등학생(20.7%)보다 더 높았다.

'자녀를 이해하지 못한다'고 응답한 부모(15.8%)가 '부모가 자신을 이해하지 못한다'고 응답한 자녀(20.1%)보다 낮은 것으로 나타나, 부모는 자녀를 많이 이해한다고 생각하지만 정작 자녀들은 자신을 잘 이해해주지 않는다고 생각하고 있다.

부모와 자녀의 경우 모두 '가족과 함께한 여가활동'은 'TV시청'이, '희망하는 가족 여가활동'은 '여행'이 가장 높게 나타났다. 희망하는 '가족 여가활동'은 부모와 자녀의 경우 모두 '여행(28.7%)'이 가장 높고, 그 다음으로는 '문화예술관람(14.9%)', '취미 및 오락활동(14.3%)', '휴식활동(11.1%)'순으로 높게 나타났다.

이번 분석결과를 통해 부모는 자녀들을 이해하기 위해서 더욱 노력하여야 하며, 대화시간을 늘리기 위해서는 여행이 가장 좋으며, 그 다음으로는 문화

예술관람과 취미 및 오락활동을 같이하는 것이 좋은 것으로 나타났다. 따라서 자녀들과 대화시간이 많아진다는 것은 그만큼 자녀들에 대한 인성지도를 할 수 있는 시간이 많아지고 자연스럽게 인성지도가 이루어질 수 있음 의미한다.

자녀들에 대한 인성지도가 쉽지 않지만 아이들이 원하는 환경을 만들고 자연스럽게 인성을 지도한다면 충분히 가능하다는 것을 알 수 있다.

청소년 가족 간 대화 및 이해 실태

(단위: %)

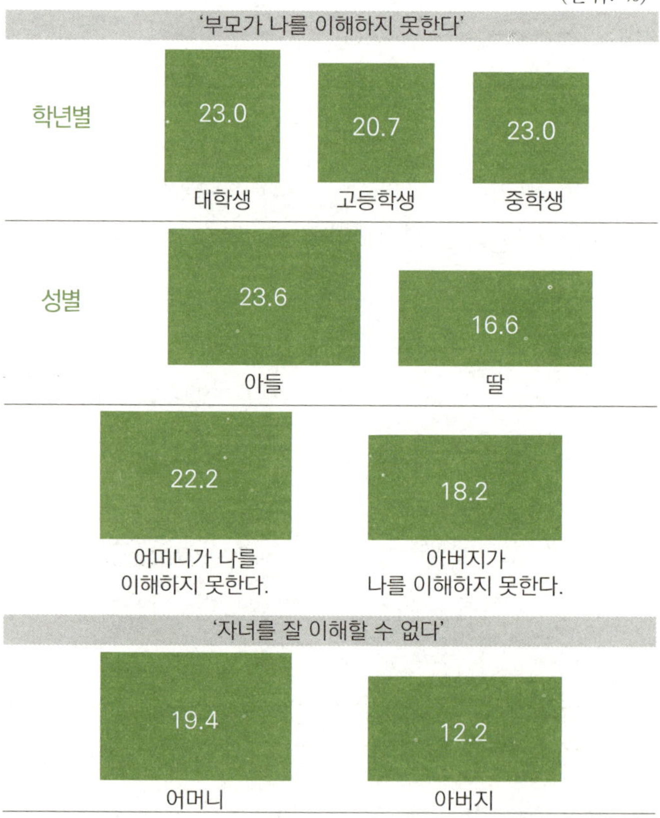

자료: 여성가족부

5. 인성이 실력이 되는 사회

오늘날 인성의 중요성이 강조되면서 국회 · 정부 · 지자체와 기업 등 모든 기관이 인성교육의 실천과 확산을 위해 팔을 걷어붙이고 나섰다. 그동안 개별기관의 인성실천 사례는 있었지만 정 · 관계와 기업 · 시민사회 · 언론이 함께 나선 것은 처음 있는 일이다.

학교에서는 인성 교육이 확대된다

학교는 아이들이 가장 많은 시간을 보내는 장소이고 교육을 목적으로 형성되었기 때문에 가장 효과적인 인성교육을 할 수 있는 장이기도 하다. 인성교육의 중요성을 인식한 학교에서는 학생들의 인성을 확대하기 위하여 창의인성 시범학교의 지정은 물론 혁신학교 등을 지정하여 학생들의 인성교육을 강화하고 있다. 학교에서 이루어지는 인성교육은 기본생활습관 함양과 예절교육을 포함하여, 공동체의식과 같은 정서교육이나 윤리교육까지를 포괄하고 있다. 한마디로 인격을 수양할 수 있는 가치와 규범을 교육하고 있다.

학교에서 시행하고 있는 인성교육은 '덕성, 능력, 교양'을 겸비한 인간을 육성하는 것을 목표로 하고 있다. 따라서 인성교육의 영역을 정확하게 분류하기에는 쉽지 않다. 그러나 일반적으로 자아 확립, 기본 생활습관, 도덕성(효도 경애), 공동체 의식 등의 4가지 영역으로 나눌 수 있다. 그에 따른 구체적인 내용과 구현활동을 보면 다음과 같다.

영역	내용	구현활동
인성	· 자아정체감 형성 · 진로 · 긍정적인 생각 습관 · 자기효능감	- 나는 어떤 사람일까? - 행복한 우리집 - 즐거운 우리 학교 - 꿈과 희망이 자라나는 우리 교실 - 남들은 나를? - 내가 좋아하는 것과 싫어하는 것은? - 미래의 내 직업과 명함 만들기 - 나도 잘 할 수 있어요. - 좋지 않은 습관 고치기 - 내가 생각하는 성공과 도전 - 지난 1년의 좋았던 기억들 - 나는 이런 사람이다.
기본생활습관	·규칙적인 생활 ·시간관리 ·정리정돈 ·청소	- 나는 어떤 생활을 할까? - 나의 시간관리 습관은? - 내가 규칙적으로 하고 있는 것은? - 내가 하고 있는 집안 정리정돈은? - 학교 청소 점검표 작성하기
도덕성 (효도 경애)	·기본예절 ·효도 ·경애 ·사회규범	- 밥상머리 교육을 통한 효와 경애심 고취 - 가족 신문 발간을 통한 서로 돕는 마음 기르기 - 가족 간의 역할 활동을 통한 협동심 기르기 - 부모와 자녀 간의 대화 나누기를 통한 가족 간의 바람직한 관계 개선 방안 - 효행지도를 통한 바람직한 인성지도 - 가훈 실천 활동을 통한 가계 정신이어 받기 - 가족 취미 활동을 통한 가족 간의 공동체 의식 함양 - 가정 사랑의 날 운영 - 선현들의 효경 사상 동일 시 지도 - 고전 읽기를 통한 효경심 함양

공동체 의식	·질서 ·협동 ·준법 ·타인존중 ·책임 ·봉사 ·정의감 ·민주시민의 자질 ·환경보호	- 애향단 활동을 통한 공동체의식 함양 - 청소년 수련 활동을 통한 협동심과 극기력 배양 - 내 고장 자랑 발표회를 통한 애향심 기르기 - 역할 부여 활동을 통한 학급의 수용적 분위기 조성 - 급우 간의 단짝 관계 형성에 의한 고립아의 행동 교정 - 학급 행사에 아이의 자율적 참여를 통한 협동심 고취 - 집단 표창제 운영을 통한 공동체 의식 함양 - 내 고장 문화재 답사를 통한 고장의 자랑 알고 본받기

입시에서는 인성이 좌우한다

서울대 의학전문대학원은 2012년 신입생 면접에 인성을 체크하는 다중 미니 면접을 도입한다고 발표했다. 단순히 성적만 우수한 학생보다는 의사로서 가져야 할 인성인 의사소통 능력과 의사와 환자의 심리적 신뢰 형성 능력이 있는 학생을 선별하기 위한 시도다.

연세대도 2012년 국내 처음으로 '창의 인재 전형'을 신설하여 내신과 수능 성적을 완전히 배제하고 면접을 통해 신입생을 뽑는 전형을 도입했다. 1시간 동안 교수와 입학사정관 면접으로 30명을 선발하는 '창의 인재 전형'을 신설한 것이다. 세부 전형 과정은 1단계로 연구 업적이나 교내 활동 실적을 입증하는 자료와 자기소개서, 에세이 등을 통해 창의성과 인성을 평가한다.

이화여대는 학생의 인성, 상황 판단 및 대응력을 종합적으로 평가하는 상황 면접 방식을 도입했다. 상황 면접은 사실 확인 중심으로 진행되던 면접 방식에서 벗어나 가설 상황을 설정하고, 그 상황에서 수험생의 인성, 상황 판단 및 대응력을 종합적으로 평가하는 것을 말한다.

고려대는 서류 및 면접 평가 시 학생의 성실성, 리더십 등 인성 영역에 중점을 두고, 이를 위해 수시 추천 전형 등에서 면접 비중(40%)을 높게 유지하는 것으로 알려졌다.

건국대는 지난해부터 인성 평가를 강화하기 위해 '1박2일 합숙 면접'을 실시하고 있다. 특히 수시모집 입학사정관 전형에서 1단계 서류 평가 때 인성을 평가하는 자기소개서 문항을 신설하고 배점을 높였다.

취직도 인성이 좌우한다

최근 기업체 채용 현장에서 다양한 스펙을 가진 인재보다는 인성을 중요한 스펙 중 하나로 판단하는 분위기가 확산되고 있다. 기업에서 인성을 중요하게 보는 이유는 자기밖에 모르는 신세대들이 대거 사회에 진출함에 따라 조직력이 와해되고 협동심이 사라지며 충성도가 약해지고 있다는 위기의식에 바탕을 두고 있다.

결국 성적이 아무리 뛰어나도 인성을 제대로 갖추고 있지 못한다면 점차 취업하기 어려운 시대가 온 것이다. 좀 모자라는 직원은 교육을 통해 능력을 키울 수 있지만, 인성이 부족할 경우 조직과 회사에 보탬이 되지 않기 때문에 인성이 나쁜 사람은 취업 기회조차 주지 않으려는 것이 기업의 입장이다. 최근 이런 분위기를 반영해 삼성, LG, 현대, 포스코, CJ 등의 기업에서는 인성을 중요시하는 채용 기준을 강화하고 있다.

삼성그룹은 2013년 채용 과정에서 인간미와 도덕성을 갖춘 인재를 선발하기 위해 인성면접 시간을 2배로 늘렸다. 인성면접은 미리 제출한 자기소개서 내용을 중심으로 지원자의 평소 인성과 가치관 등에 대해 더욱 깊이 있고 다각적인 질문을 하게 된다. 이는 평소 인성을 중시하는 이건희 회장의 주문이 반영된 것으로 알려졌다.

LG그룹도 2012년부터 인성역량 중심으로 인재를 선발하고 있다. 뛰어난 능력을 보유하고 있다고 하더라도 바른 인성을 갖추고 있지 못하다면 훌륭한 인재가 될 수 없다는 판단 하에 면접에서 지원자의 태도와 발전가능성 등을 중점적으로 검증해 나가고 있다. 계열사마다 조금씩의 차이가 있지만 인성검사를 필수적으로 하며 1차 면접에서는 인성만으로 평가하며, 임원들의 2차 면접도 업무 적합도와 함께 인성을 종합적으로 심사한다.

현대차그룹도 인성의 중요성을 높이 평가하기 위하여 자체 개발한 신규 인·적성검사인 'HMAT'가 처음 도입하였다. 현대차그룹은 HMAT 검사를 통해 현대차의 핵심 가치에 부합하는 인성과 잠재적 업무역량을 가진 인재를 선발하겠다는 의지를 보인 것이다.

국내 대기업이 선호하는 인재를 보면 '실력 있는 인재'보다는 '좋은 인성을 가진 창의적인 인재'를 가장 선호하는 것으로 나타났다. 실력이 부족하더라도 결국 좋은 인성을 가진 창의성을 가진 인재가 회사를 발전시킬 수 있다는 판단에 따른 것이다.

국내 중견기업은 '소통 능력'을 가장 중시했다. 단단한 조직력을 갖춰 대기업으로 커 나가려면 구성원들 사이에 소통이 제일 중요하다고 판단한 것이다.

상대적으로 작은 규모의 중소기업은 '성실한 인재'를 선호했다. 큰 기업만큼 전문화되지 못하고 한 사람이 여러 가지 역할을 소화해야 하는 중소기업의 특성상 인성이 좋은 사람이 회사에 도움이 된다고 판단한 것이다.

6. 인성지도에는 기본원리가 있다

인성에 대한 의미가 다양하기 때문에 인성지도 또한 다양한 형태로 이루어지고 있다. 이러한 현실에서 인성지도의 기본 원리를 제시하는 것은 인성지도의 방향을 제시해 준다고 할 수 있다. 특히 효과적인 인성지도를 위해서는 인성지도의 기본 원리를 토대로 체계적이고 계획적으로 이루어져야 한다. 인성지도의 기본원리는 다음과 같다.

가정, 학교, 사회가 함께 해야 한다

인성지도는 학교에서만 해야 하는 것이 아니라 아이가 생활하는 장 전체인 가정과 사회에서도 함께 협력하여 이루어져야 한다. 가정, 학교, 사회는 아이들에게 인성에 많은 영향을 주므로 인성지도를 위한 공동 책임이 있다. 따라서 모든 영역에서 상호 협력적인 관계를 가지고 인성지도를 진행해야 한다.

실천위주로 한다

인성지도는 마음만을 바꾸는 것이 아니라 실천하고 행동하게 하는 것이 중요하다. 따라서 교육이 이론적인 지식위주로 이루어져서는 안 되고 구체적으로 실천할 수 있는 것이어야 한다. 따라서 현대사회에서 기본적으로 필요로 하는 규칙적인 생활, 정리정돈, 위생청결, 물자절약 등의 기본생활 등에 대해서 실천위주의 교육으로 습관화 될 수 있도록 지도해주어야 한다. 기본생활 습관에 관한 "나의 다짐" 혹은 "우리들의 약속" 등과 같은 실천점검표를 제작하여 가정과 학교생활에서 종합적인 생활지침서가 될 수 있도록 해야 한다.

관계 속에서 이루어진다

인성지도는 인간관계에서 이루어지는 교육이다. 따라서 아이와 교사, 아이와 또래 친구, 아이와 부모 사이에서 인간적 만남을 통해서 이루어지는 것이 인성지도다. 그러므로 교사와 부모는 아이의 바람직한 모범이 되고 자상한 생활의 안내자가 되어야 하며, 그리고 아이에게 도덕적인 문제를 함께 고민하고 이끌어줄 수 있어야 한다.

계속적으로 해야 한다

인성지도는 일시적으로 잠깐 학습하는 것이 아니라 인생 전반에 걸쳐 이루어져야 한다. 아이들이 어떤 계기로 바람직한 행동을 배우거나, 일시적으로 행동을 했을지라도 그것이 계속적으로 습관화되지 못하면 원위치로 돌아올 확률이 많기 때문에 의미가 없다. 따라서 인성지도는 아이의 인생에서 전반적으로 인성을 습관화할 수 있도록 꾸준히 계획적으로 실천될 수 있도록 학습해야 한다.

자율적으로 할 수 있어야 한다

인성지도는 아이를 대상으로 인성을 갖춘 인간으로 만드는 것이지만 결국은 아이 스스로가 자율적으로 인성을 가지고 행동할 수 있어야 한다. 교육을 받을 때만 변화되고 생활 속에서는 다시 원상태로 돌아온다면 진정한 인성지도라 보기 어렵다. 인성지도를 통해서 아이는 스스로 올바른 도덕의식을 갖고 이를 실천해 나가도록 도와주어야 한다. 따라서 인성지도는 아이들의 자율성과 능동성에 기초해야 한다.

체험이 있어야 한다

인성지도는 행동의 변화를 가져오는 것이 목적이므로 교육으로만 끝나서는 안 된다. 인성지도 도덕적 지식을 획득하는 수준에 그치는 것이 아니라 아이의 가치관 형성에 직접적으로 기여하고 행동으로 습관화되어야 한다. 행동으로 습관화하기 위해서는 아이들이 직접 느끼고 실천하게 하기 위하여 체험하기나 활동하는 기회를 풍부하게 제공하여야 한다. 그리고 이러한 내용이 아이의 정신세계 속에 완전히 내면화되기 위해서는 생활 속에서 체험될 수 있어야 한다.

반성이 있어야 한다

반성이란 자신이 한 행동에 대해서 나중에 돌이켜 생각하는 것을 말한다. 아이는 반성의 시간을 통해서 아이들이 직접 경험 한 것을 되돌아보는 과정에서 자신의 행동변화에 대한 의미와 효과를 이해하는 데 도움을 준다. 아이들은 자신의 노력과 변화에 대해서 성취감을 인식하게 되면 아이들의 행동은 습관으로 굳어지게 된다.

반성의 원리는 인성지도에 대해 자신이 직접 경험한 것에 대한 성찰의 시간을 갖게 하며, 다시 실천했을 때 더 큰 긍정적인 효과를 얻을 수 있게 할 것이다.

7. 인성지도의 목표는?

인성이란 인지적 측면보다 정의적 측면을 강조하는 것으로 성격과 정서 교육을 핵심 개념으로 삼고 있다. 특히 인성은 심리학적 의미로 사람이 지닌 특정한 반응 양식내지는 행동 양식의 반응으로, 한 개인이 다른 사람과의 관계 속에서 자기의 삶을 어떻게 엮어 나가느냐 하는 것과 같은 맥락으로 이해된다. 따라서 인성지도란 올바른 심성을 가진 사람이 되도록 교육시키는 것을 말한다.

올바른 심성을 가진 아이가 되도록 교육시킨다는 의미는 자기 자신을 올바르게 이해하고 밝은 마음으로 타인에 대한 공감적 이해와 존중의 자세를 가진 사람이 되도록 하는 것으로, 자신의 능력을 최대한으로 살리면서 공동체와 더불어 인간답게 살 수 있도록 하는 교육을 뜻한다.

인간다운 아이를 만들어야 한다

인성은 사람이 어떤 경험을 하느냐에 따라 변화하며, 그 인성에 따라 그 사람의 삶의 방향과 도덕적 행위를 결정하게 한다. 우리나라는 유교의 영향을 받아서 공자가 일관되게 주장해 온 도·덕·인의 가르침과 상통하는 것이라 할 수 있다. 따라서 아이의 발달단계에 맞는 인성지도는 개인적으로나 사회적으로 꼭 필요한 것이다. 인성지도는 사람을 사람답게 만드는 것으로 남의 아픔을 이해하고 그 아픔을 같이할 수 있는 온정과 공동의 가치를 위해 함께 할 수 있는 협동심을 기르게 하는 것이 인성지도라 하겠다.

인격적인 아이를 만들어야 한다

인격이란 사람으로서의 됨됨이, 인품, 사람으로서의 가치 있는 존재를 뜻한다. 물건에 품격이 있는 것처럼 사람에게도 격이 있는데, 인성지도는 사람의 인격을 고차원적으로 발전시키는 것이다. 따라서 인격교육은 아이가 스스로 옳고 그름을 알고 올바른 판단을 내려 행동으로 실천할 수 있게 하는 교육이라 하겠다.

청소년 문제를 해결해야 한다

사람은 환경과의 유기적 관계 하에서 성격이나 인성이 생성, 발전, 내면화된다. 따라서 최근 청소년들의 문제 행동이 단순히 청소년 개인의 문제가 아니라 사회가 영향을 주었다고 보는 견해가 많다. 따라서 사람의 인성형성은 개인과 사회가 함께 해결할 공동문제라 할 수 있다.

청소년 문제를 해결하기 위해 우리 사회는 청소년들에게 건전한 민주시민 의식과 합리적인 가치관의 확립할 수 있는 환경을 제공해주어야 하는 의무가 있다. 아이들의 민주시민 의식이나 합리적 가치관은 그냥 주어지는 것이 아니라 교육을 통해 습득되고 내면화되기 때문에 인성지도는 필요하다.

세계 시민을 길러야 한다

인류는 과학의 발달로 인해 새로운 가치관이 생기거나 변화를 한다. 따라서 올바른 교육을 통해 새로운 과학기술과 지식, 그리고 새로운 문화를 창조할 수 있는 인간을 육성해 내어야 한다. 그리고 하나의 생활권이 되는 세계화 시대에 아이들이 세계시민으로서 협동하고 경쟁하는 능력 있는 인간을 기르기 위해서 인성지도 필요하다.

공동체 의식을 길러야 한다

공동체란 같은 목적과 의식을 공유하고 생활을 나누며 공동의 목표를 추구하는 무리나 모임을 말한다. 공동체의 범위는 넓게는 지구, 국가, 민족을 포함하며, 좁게는 가정, 학교, 사회를 포함한다. 이러한 이유로 인성지도는 공동체 의식을 떠나 생각할 수 없으며, 사회는 구성원들이 공동체 의식을 바탕으로 서로 존중하면서 이해하고 협동하는 전인적인 관계를 형성할 수 있도록 요구하는 것이다. 인성지도는 개개인의 인격완성과 자아실현을 통해서 보다 나은 미래사회, 인격과 인격이 더불어 살아가는 사회 공동체를 건설하는데 매우 중요한 역할을 한다.

Ⅱ. 인성지도의 시작은 자녀의 이해부터

자녀가 무엇이든지 잘하기를 바라는 것은 모든 부모의 공통된 희망사항일 것이다. 아이가 잘되기를 바라는 마음은 아이들에게 욕심만 앞세워서 자식들을 불도저 식으로 내몰곤 한다. 그래서 아이들은 부모를 왕짜증이라고 생각하는 아이도 있다.

좋은 인성을 가진 자녀를 만들기 위해서는 아이에게 어떤 태도를 가져야 하며, 실질적으로 어떤 도움을 줄 수 있어야 하는가를 고민해야 한다. 그러기 위해서는 기본적으로 아이들을 이해하는 다음과 같은 눈높이를 가져야 한다.

1. 부모는 아이를 몰라도 너무 모른다

부모는 아이들이 자신의 손바닥 안에 있다고 생각한다. 자신도 어린 시절이 있었고, 생명체로 태어나 지금까지 그들의 양육을 책임지고 있었기 때문에 그들이 무엇을 원하는지, 어떤 생각을 갖고 있는지 다 알고 있다고 생각한다.

그러나 부모는 아이가 커 갈수록 직장생활과 바깥일에 집중하면서 점점 아이들과 같이 할 시간이 없어지게 된다. 자연스럽게 아이들의 생활에서 부모의 자리가 없어진다. 부모는 아이들과 상당한 기간 동안 정서적으로 교류가 부족한 상태에서 여유가 생기면 갑자기 아이들과 대화를 하고 싶어 한다. 아이들은 계속 성장하고 있는데도 부모는 자기가 보아왔던 아이라고 생각해서 똑같이 생각하고 대화를 하려고 한다.

부모가 대화를 요구하게 되면 대화에 익숙하지 않았던 아이들은 익숙하지 않기 때문에 대화가 자연스럽지 못하게 된다. 뿐만 아니라 아이들이 성장하면서 자신의 세계가 생기기 때문에 부모가 요구하는 삶을 살지 않기도 한다. 이럴 때 부모는 아이에게 자신의 역할이나 공간이 작다고 생각하거나, 대화가 잘 안되게 되면 부모들은 아이들에게 분노와 배신감을 느끼기 쉽다.

부모가 아이들과 대화가 잘 안되는 이유는 부모의 시각으로 아이들을 이해하고 자신의 수준으로 대화를 이끌어가려고 하기 때문이다. 그래서 요즘의 아이들은 어릴 때는 부모를 잔소리꾼으로라도 인정하지만, 중고생이 되면 부모는 친구보다 못한 있으나 마나한 존재로 인식하기도 하고, 심한 경우에는 자신의 적으로도 생각하기도 한다. 이는 부모가 자신의 역할을 제대로 인식하지 못하고 있을 뿐더러, 부모가 아이들의 마음을 충분히 이해해

주지 못하기 때문이다.

이러한 문제는 근본적으로 아이들과 부모의 생각차이에서 시작한다.

예를 들어보자. 부모는 아이가 인내력이 있으면 좋겠다고 생각하지만, 아이들은 모든 일을 쉽게 포기한다. 부모는 자기와 같이 노는 아이로 만들고 싶지만 아이는 부모보다는 컴퓨터게임을 좋아한다.

또한 부모는 가족과 같이 시간을 보내고 싶지만, 아이들은 혼자 시간을 보내는 것을 좋아한다.

부모는 아이들의 마음을 너무 모른다. 부모는 전통사회에서 그의 아버지들이 했던 것처럼 아이들에게 부모의 가부장적인 리더십에 묵묵히 따라주기를 바라고 있다. 그러나 이제는 그 어떤 아이도 부모의 생각대로 살아줄 아이는 없다.

가부장적인 전통사회에서처럼 부모의 생각에 아이들의 생각을 무조건 맞추기를 원한다면 견해 차이에서 부모와 아이는 마찰을 갖게 되며, 심하면 아이와 부모 간에 갈등이나 전쟁이 일어나게 된다.

이러한 현상이 나타나는 데 다양한 이유가 있겠지만 그 중에서도 급변하는 세상의 변화에서 원인을 찾을 수 있을 것이다. 세상의 변화 속도가 너무 빨라 적응하기 어렵듯이 그만큼 아이교육도 세상의 변화에 따라 비례적으로 어려워지고 있다.

그렇다면 어찌해야 아이들과 좋은 관계를 유지하고 원하는 삶을 살도록 이끌어 줄 수 있을 것인가? 그것은 시대의 변화에 부모들이 순응하는 것이다. 아이들을 이해하고 아이들의 입장에서 대화를 해야 한다는 것이다. 그랬을 때 아이들은 부모가 자신을 이해하고 사랑하는 진정한 부모라고 인식하며 마음의 문을 열고, 부모를 따르게 될 것이다. 그러나 아이들의 마음을 모르고, 부모의 독단적인 생각과 판단으로 아이들을 이끌려고 하면 아이들은 전보다 더욱 많은 마찰을 갖게 될 것이다.

2. 아빠와 엄마는 생각이 다르다

사랑으로 이루어진 가정이지만 아이의 양육 방법에 있어서는 엄마와 아빠의 양육법에 차이가 있다. 실제로 아이 양육 문제 때문에 부부간의 갈등, 외로움, 절망, 혼란을 하소연하는 부모가 많다.

엄마는 아이를 보호하고, 모든 것을 챙기면서 가까이 도와주려는 경향이 있는 반면, 아빠는 모험과 자립심을 키우겠다고 밖으로 밀어내려는 경향이 있다. 이런 생각의 차이는 표면상으론 갈등을 유발할 수도 있지만 실질적으로는 전체 가족을 돈독히 이어주는 힘이다.

그러나 이러한 갈등의 차이가 적으면 서로 잘 융합해서 나갈 수 있지만, 상당한 차이가 생기면 그 때부터 아이와의 갈등 문제가 부부간의 갈등으로 연결이 되기도 한다.

아빠는 아이의 관심을 끌면서 대화에서 상호작용하기를 원한다. 가령 뜻밖의 표정을 짓는다거나 갑작스러운 말이나 행동을 해서 아이를 놀라게 하길 좋아한다.

엄마는 잔잔하면서도 일방적으로 후원하며, 묵묵히 바라보는 것으로 아이들의 인생을 결정지으려 하지 않는다. 오히려 아이는 아빠의 이벤트적인 행동에 대해서 순간 즐거워하고 당혹스러워하기도 한다.

엄마는 작은 일에 대해서 안 된다고 하는 반면, 아빠는 큰 일에 대해서 안 된다고 한다.

엄마는 잘못을 보아도 바로 지적하지 않고 참았다가 모아서 말하지만 아빠는 문제 행동이 나타나면 바로 말하는 경향이 많다.

엄마는 현실적으로 "너 때문에 정말 속상해 죽겠다", "대체 누굴 닮아서 그 모양이니?"라고 자신의 상태를 말하지만, 아빠는 "너 나중에 뭐가 되려고 그러니?", "한 번만 더하면 그땐 가만 두지 않겠다"라고 위협한다.

엄마는 평소에 아이와 친구처럼 지내기 때문에 아이가 잘못을 해도 심하게 꾸중하지 않는다. 그러면서 아이와 잘 공감하고 납득시켜가며 교육시킨다고 스스로 여기고 있다. 그러다가도 사실은 타이르는 것도 혼내는 것도 아닌 단지 아이와 말다툼을 하는 경우가 많다. 그런데 만약 아빠가 아이를 야단치려고 할 때는 무슨 큰일이라도 난 듯 화들짝 아빠를 말리고 어느새 아이를 감싸는 엄마가 되고 만다.

아빠는 엄마에게 아이가 너무 귀여움만 받고 자라면 버릇이 없어질지도 모른다는 생각에 필요 이상으로 엄격하게 대하는 경우가 종종 있다. 그러다 보니 부모에게 대들고 말대꾸하거나 다른 사람 탓을 하는 습관을 고치기 위해서는 엄격해야 한다고 생각하다 보니 어느새 혼내는 아빠가 되어 버리기 쉽다.

엄마는 자신이 인내심을 가지고 아이와 공감대가 형성되기 위해서는 잘해줘야 한다고 느끼기에 칭찬을 많이 하는 반면에, 아빠는 인내심과 버릇을 잘 길들이기 위해 때로 엄격해야 한다고 생각해서 부정적인 말을 하는 경우가 많다.

엄마는 어떠한 상황 하에서도 아이에 대해서 끝까지 포기하지 않지만, 아빠는 도를 넘게 되면 아이를 포기해서 "집을 나가 버려라", "나가서 죽어버려라"라고 말하기도 한다.

아이에게 부정적인 말을 하거나 윽박을 지르면 아이의 마음속에는 깊은 상처가 남고 결국, 부모와 아이 사이가 멀어진다. 인성이 좋은 아이로 키우기 위해서는 자녀와 대화하는 방법을 바꿔야 한다. 많은 부모들은 아이들에 공감해주는 열린 대화가 필요한 것을 알지만 실천에 옮기는 것은 쉽지 않다.

부모는 아이의 인생 초기부터 가장 큰 영향력을 주는 존재이다. 부모로부터 신뢰와 존중을 받은 아이는 스스로에 대한 긍정적인 느낌과 확신을 갖게 되고, 자존감을 키워가는 데 중요한 밑거름이 될 것이기에 하찮은 대화에도 신경을 써야 한다.

3. 아이가 좋아하는 부모는 무엇이 다른가

아이에게 좋은 대화 상대가 되어 준다는 것은 아이가 언제든지 자신의 이야기를 하고 싶은 상대가 된다는 것을 의미한다. 아이에게 좋은 대화 상대가 되는 부모들의 특징을 보면 다음과 같다.

아이의 마음을 알아주려고 노력한다

부모가 훌륭한 대화 상대가 되려면 우선 아이의 마음을 짐작할 수 있어야 한다. "아이가 왜 대화를 하려는지", "무엇을 원하는지", "기분은 어떤지"를 알아야 한다. 그래야 부모도 대화의 방향을 어떻게 끌고 갈 것인지에 대해서 감을 잡을 수 있기 때문이다. 아이의 마음을 모르고 대화를 하면 아이가 원하지 않는 일방적인 대화가 될 수 있다.

칭찬을 아끼지 않는다

사람은 누구나 자신을 칭찬하는 사람을 좋아하게 마련이다. 따라서 아이들에게도 칭찬을 아끼지 말아야 한다. 아이를 칭찬하는 것은 아이의 장점을 발견하는 일이기 때문에 나를 칭찬하는 일과 같다. 잘하는 것이 없는 아이들도 찾아보면 한두 가지 장점은 있게 마련이다. 그것을 발견해 진심어린 말로 칭찬을 해 주면 아이들은 자신이 인정받고 있다고 생각해서 즐거워한다.

그렇다고 거짓 칭찬을 억지로 하는 것은 아이와의 관계를 더 뒤틀리게 할 뿐이다. 상투적이고 진정정 없이 하는 칭찬은 오히려 아이가 부담을 느끼거나 허영심을 가지게 할 뿐 바람직한 태도를 길러주는 데 도움이 되지 않는다.

아이의 말에 칭찬보다는 격려를 해 준다

아이가 무엇을 하려고 노력하고 있으며 그 과정에서 얼마나 최선을 다하고 있는지를 격려해주는 것이 중요하다. 부모의 격려는 아이에게 "나는 할 수 있다"라는 생각을 가지게 한다. 혼자 할 수 있는 일도 부모가 해주거나 최선을 다한 일에 대하여 비난을 받게 되면 자신감을 잃어버리게 되고 공격적인 성향을 가지게 된다.

예를 들어, 아이가 자기 방을 깨끗이 정리했을 때 얼마나 힘들여서 했는지 그리고 얼마나 보기 좋아졌는지는 이야기해 줄 수 있지만 "너는 정말 부지런하고 착한 아이다"라고 말하는 것은 바람직하지 않다는 것이다. 즉, 직선적인 칭찬은 태양의 직사광선같이 부담스러울 수 있다. 이에 비해 격려는 자신이 노력하고 애를 쓴 과정을 지지하기 때문에 자신의 가능성을 신뢰할 수 있게 된다.

대화의 룰을 지킨다

좋은 대화에는 일정한 규칙이 있다. 부모가 아이의 말을 가로막지 않으며, 혼자서 대화를 독점하는 것은 하지 않는 것이 좋다. 그리고 부모가 자신의 의견을 제시할 때는 아이가 반론할 수 있는 기회를 주어야 한다. 또한 아이가 말하는 것이 마음에 들지 않는다고 해서 부모 임의로 화제를 바꾸지 않도록 해야 한다.

완전한 문장으로 말한다

말하는 것이 귀찮아지면 말이 "하지 마", "그만"과 같은 약어로 줄어든다. 축약된 말은 아이의 의사소통의 정확성에 혼선을 가져올 뿐만 아니라 마음을 다치게 할 수 있다. 그러므로 부모는 바른 말로 이루어진 완전한 문장으로 대화를 이끌도록 한다.

아이의 행동에 관심을 기울인다

아이와 대화를 할 때에는 항상 아이의 표정과 행동에 예의 주시한다. 대화 도중 얼굴이 시무룩하다거나 부모의 시선을 피한다거나, 몸을 산만하게 움직이는 등의 행동을 보이면 그 원인이 무엇인가를 유추해보아야 한다. 아이의 행동은 말보다 아이의 마음을 더욱 정확하게 표현하는 경우가 많기 때문이다.

아이가 좋아하는 대화를 하는 방법

아이가 좋아하는 것은 너무 간단한다. 자신을 이해해주는 것이다. 그러나 부모는 모든 것을 잘 아는 부모의 입장에서 대화를 하려고 한다. 그럴수록 아이들은 부모와 거리감만 커지게 되고 대화는 오히려 아이들의 반감만 사게 된다.

Tip

〈잘못된 대화〉

아이 : 아빠 왜 야채를 먹어야 돼?

아빠 : 무슨 뚱딴지 같은 소리야. 야채를 먹지 않으면 안 돼.

아이 : 정말 먹기 싫어 죽겠단 말이야.

아빠 : 얼마나 먹었다고 벌써 이 난리야.

아이 : 매일 이걸 어떻게 먹어!

아빠 : 말이 많다. 어서 먹어! 투덜대는 시간에 다 먹었겠다.

아이 : 먹고 싶지 않아요.

→ 아이들이 하기 싫은 것을 억지로 하라고 하면 아이들은 오히려 반감만 사게 된다. 이렇게 되면 아이들과 대화가 단절되기 쉽다.

〈지혜로운 대화〉

아이 : 아빠 왜 채소를 먹어야 해?

아빠 : 우리 ○○, 왜 채소를 먹어야 하는지 궁금한 모양이네.

아이 : 응, 맛없고 먹기 힘든데 이걸 왜 먹어야 하는지 몰라.

아빠 : 채소가 맛이 없어 먹기 싫었구나.

아이 : 정말 먹기 싫어. 이렇게 맛없는 채소 때문에 미쳐 버리겠어.

아빠 : 채소를 먹느라 힘이 많이 드는 모양이구나.

아이 : 응, 정말 힘들어.

아빠 : ○○야! 예뻐지고 싶다면서? 예뻐지려면 채소가 최고인데...

아이 : 아, 그래요? 그럼 먹을게요.

아빠 : 그래 우리 ○○, 채소 먹는 모습을 보니까 아빠 마음이 뿌듯하다.

→ 아이들의 입장에서 아이가 무엇을 원하는지를 알고 아이 중심으로 맞추어서 말하는 것이 좋다.

4. 아이들만의 세계를 인정하려는 노력이 먼저다

일반적으로 아이와 부모 간의 대화에서 부모는 항상 훈계하려 하고, 아이는 변명하려는 입장을 가지고 있다. 그러다 보면 서로의 생각과는 전혀 다른 곳에서 대화를 하기 때문에 오히려 마음의 문을 닫게 되는 일이 생기게 된다.

아이들의 마음을 열려면 아이의 말에 대해서 어른의 입장에서 받아들이지 말고 아이의 눈높이에서 듣고 생각하도록 해야 한다. 어떠한 말이든 아이의 입장에서 그럴 수밖에 없는 이유를 찾으면 대화가 자연히 부드럽게 진행될 수 있다.

아주 가까운 사람들끼리는 굳이 속마음을 이야기하지 않아도 서로 통할 것이라는 착각이 가끔은 오해를 낳는다. 아이는 어리기 때문에 표현하지 않는 부모의 마음을 헤아리기 힘들다. "그래 알았어" 하고 두리뭉실하게 대꾸하기보다는 "세수가 재미없고 지루해서 하기 싫구나", "세수하느라 힘이 많이 드는 모양이네"처럼 구체적으로 아이의 마음을 읽어주는 것이 좋다. 자신의 마음을 마음대로 표현할 수 있고, 공감 받고 있다고 생각하는 아이는 "힘들어도 세수는 해야 한다"는 이미 알고 있던 사실을 다시 되새김질 할 수 있게 된다.

아무리 어린아이라도 자신의 결점을 들추어내서 고치라고 명령한다면 그러한 명령을 기쁘게 받아들여 실천할 수 있는 아이가 있을까를 한번 생각해보자. 어른이라고 해도 이런 경우는 받아들이기 힘들 것이다. 아이를 위한 훈계나 설교가 아무리 옳다고 해도 아이가 충고를 듣는다는 것, 더구나 명령조의 충고를 듣는다는 것이 그렇게 즐겁지는 않을 것이다. 이처럼 훈계하거나 설명하려는 말투는 아이들에게 비교육적이 되며 오히려 역효과가 나기 쉽다. 따라서 아이들의 입장에서 대화를 진행하려면 먼저 아이를 하나의 인격체로 대우해 준다. 아이도 똑같은 사람이다. 아이 역시 하나의 인격체이니 무작정 무시하는 태도를 취해서는 안 된다. 어른들에게는 어른들의 세계만이 존재하듯이 아이들에게는 아이들만의 세계가 존재한다. 그러므로 아이들의 세계를 인정해주고 같이 공감해주어야 한다.

아이는 부모의 표현에 따라 반응이 완전히 달라진다. 무작정 혼내면 잘못했다는 생각보다는 반항하기 쉽지만, 아이의 마음을 공감하고 이해하려 노력하고, 간절히 바라는 마음을 표현하면 아이들은 감동을 받는다. 어떤 표현은 반발심을 일으키게 하고, 어떤 표현은 자신의 잘못을 깨달아 자신의 행동을 고쳐야겠다는 생각의 변화를 갖게 한다.

부모가 아이들을 있는 그대로 받아들여 하나의 인격체로 인정하면서 진심으로 걱정하고 있는 느낌을 전달하면 아이들은 마음의 문을 열게 될 것이다. 예를 들면, 아이가 다쳐서 울음을 터뜨릴 때 "뚝 그쳐! 울면 바보야!"라고 어린아이처럼 달랬을 때보다는 "많이 아프겠다"라며 아이를 하나의 인격체로 대하면서 아이의 아픔을 내 아픔처럼 알아주었을 때 더 빨리 울음을 그치게 된다고 한다. 부모와 아이 간의 대화에서 아이를 있는 대로 인정하는 것이 무엇보다 중요한 것이다.

마지막으로 이야기를 한 후에는 아이에게 사랑스러운 스킨십을 해 준다. 아이와의 사랑스러운 스킨십을 통해서 아이들에게 부모가 아이를 진심으로 사랑하고 있다는 신뢰감을 주도록 한다. 어릴 때 스킨십을 많이 해주는 아이일수록 따뜻한 마음을 갖는 성인으로 성장할 확률이 높아진다.

5. 아이와의 시간을 충분히 가져라

부모와 아이의 대화는 우선 즐거운 분위기에서 하면 더욱 효과적이다. 함께 있어도 기분이 좋아야 대화가 이루어지기 때문이다. 가족이 함께 있으면 참 좋다는 느낌을 준다면 그것이야말로 대화하기에 최고의 분위기가 된다. 아이와 시간을 같이 보내는 시간이 많을수록 아이는 문제행동이 줄고, 부모와의 감성에 눈을 맞추게 된다.

즐거운 시간을 함께 보내는 데 있어서 중요한 것은 시간적인 양이 아니라 질이다. 같이 있는 시간이라도 아이에게 행복하다고 생각이 들면 아이들은 부모와 같이 할 수 있는 시간을 기다리게 될 것이다. 그러나 부모와 같이 하는 시간이 부담된다면 아이들은 부모를 피하게 될 것이다.

아이와 즐거운 시간을 가지려면 우연히 만들어지는 상황만 기다리는 것이 아니라 계획이 필요하다. 부모도 즐기고 아이도 즐길 수 있는 일을 잠깐 동안이라도 함께 하면서 즐거운 시간을 보내도록 계획을 세워야 한다.

잠깐이라도 아이와 시간을 보내는 습관을 들이자

가족 전체가 즐거운 분위기를 가질 수 있는 것이 바로 가족 여행이다. 더욱이 TV와 인터넷 게임에 중독되어 있는 아이들에게 자연과 친해질 수 있는 특별한 기회를 주기도 한다. 가족 여행은 여행기간 동안 함께 해야만 하기 때문에 대화할 수 있는 시간을 많이 준다. 그러나 어느 한쪽이라도 강제로 가족 여행에 같이 가기를 요구한다면 흥미는 사라지게 된다는 점을 명심해야 한다. 부모는 아이들과 함께 어디를 가고 싶어 하지만 아이들이 전혀 호응하지 않는 것은 아이들이 흥미를 느끼지 못하기 때문이다. 따라서 아이들의 자발적인 참여를 유도하지 않고 강제로 데려간다면 좋아하기는커녕 내내 짜증을 낼 것이다.

만일 가족 모두 함께 하는 시간을 마련하기가 어렵다면 어머니와 아버지가 교대로 각기 아이와 즐거운 시간을 보내도 좋다. 또한 잠자리에 들기 바로 전과 같은 시간은 함께 지낼 수 있는 좋은 시간이 된다. 중요한 것은 부모와 아이가 함께 즐거운 시간을 가지려고 계획하고 노력한다는 점을 아이들이 알아주도록 해야 한다.

아이가 사랑받고 있다고 느끼게 하자

즐거운 시간을 갖는다고 해서 환경만 즐거운 분위기가 되어서는 부족하고, 부모들이 아이들에게 따뜻한 부모가 되는 것도 아이의 마음을 여는 중요한 요인이 된다. 가난한 아이들과 평생 살다간 돈 보스꼬 신부는 "아이들을 사랑하는 것만으로는 부족합니다. 그들이 사랑받고 있다는 것을 느끼게 해야 합니다"라고 하였다. 이처럼 사람은 누군가에게 사랑받고 싶어 하고 또 이해받고 싶어 한다. 특히 아이는 부모로부터 소중하게 대우를 받고 사랑을 받고 싶어 한다. 따라서 아이는 부모의 따뜻한 사랑을 느낄 때 삶에 대한 의욕이 생기고 삶의 기쁨도 누리게 된다.

아이가 좋아하는 것을 같이 하자

아이가 좋아하는 것을 같이 하면 자연스럽게 대화를 이어갈 수 있다. 예를 들어서 블록을 쌓은 아이에게 "철수야! 뭐 만드니?"라고 하면 아이는 자기가 하고 싶은 일에 대해서 물어 주기 때문에 즐겁게 대화에 참여하게 된다. 따라서 아이를 관찰하면서 아이가 좋아하는 일을 할 때 아이와 같이 하면서 대화를 하면 쉽게 대화가 이루어지게 된다.

6. 일단 들어 주는 것이 먼저다

아이 양육에 대한 부담감을 느끼고 있는 부모가 많다. 그래서 좋은 부모가 되기 위한 모임에도 나가고, 부모학교에 가서 배우지만 적용하는 것은 신통치 않다. 부모 입장에서는 무엇보다 최선을 다하고 있지만, 아이에게 부모는 가장 대화하기 어려운 대상이 될 수도 있다.

아이와의 대화를 성공하려면 가장 중요한 것은 무엇보다 아이의 이야기를 잘 들어 주는 것이다. 누군가의 이야기를 잘 들어준다는 것은 있는 그대로 받아들인다는 수용의 상태를 표현해주는 것이다. 사람은 누구나 상대방이 자신이 있는 그대로를 진심으로 받아들이고 있다고 느낄 때, 심리적으로 안정감을 느끼게 되고 성장하고 노력하고자 하는 의욕을 갖게 된다.

대부분의 부모는 아이를 양육함에 있어서 잘못된 것을 지적하고 올바른 방법을 이야기해 주는 것이 최선의 방법이라고 생각할 수 있다. 그래서 들으려고 하기보다는 아이의 잘못을 지적하고 해결방법을 알려주는 것에 관심이 많다. 그러나 이보다 더 효과적인 것은 바로 적극적으로 들어주는 것이다.

모든 부모는 아이들과 대화를 할 때 아이가 자신의 말을 귀기울여 들어주기를 바란다. 아이 역시 마찬가지로 부모가 자신의 이야기를 잘 들어 주기를 바란다. 따라서 아이가 하는 말이 쓸데없고 불필요하다고 생각되더라도 열심히 들어주도록 해야 한다. 적극적으로 들어주는 방법은 다음과 같다.

적극적인 반응을 보인다

아이가 부모로부터 이해받고 있다는 느낌을 가질 수 있도록 아이의 마음에 공감하는 의미로 적극적인 반응을 보여주면 아이가 마음의 문을 열게 된다. 예를 들어, 부모가 아이가 말하는 것에 대하여 "아, 그랬니", "참 안됐구나", "나도 그럴 것 같아", "정말 좋았겠다", "저런, 매우 속상했겠구나!" 등 아이가 부모로부터 이해받고 있다는 느낌을 가질 수 있도록 아이의 마음에 공감하는 의미로 반응을 보여주는 것이 좋다.

부드럽고 부담 없는 시선으로 대화한다

아이가 하는 말에 대해 집중하고 있다는 표현을 하기 위해서 부모는 사랑이 듬뿍 담긴 시선으로 아이를 응시하면서 상체를 아이 쪽으로 약간 기울이면서 말하는 것이 좋다. 그리고 아이가 말할 때마다 아이의 말을 인정한다는 의미로 고개를 끄덕이면서 들어주면 좋다. 아이와 대화를 할 때 무언가 요구하는 듯한 눈빛이나 아이의 시선을 외면하거나 상체를 뒤로 젖혀진 상태에서 대화하면 아이에게 거부감과 무시당하고 있다는 기분을 줄 수 있다.

의문점이 있으면 아이에게 바로 질문한다

부모는 아이에 대해서 다 안다고 생각하여 아이가 무슨 말을 하기 전에 지레짐작으로 판단하고 말하는 경우가 많다. 그러나 그럴 경우 아이들은 더욱 위축되어 마음을 열지 않게 되므로, 미리 판단하지 말고 확실하게 파악하려고 노력한다는 모습을 보여야 한다. 그래서 모르면 판단하기 전에 아이에게 질문을 해서 부모가 자기 말에 관심을 가지고 있다는 것을 알게 해 줄 필요가 있다. 아이에 대해서 정확히 아는 것은 결국 공감 수준도 넓어지게 한다.

선입견과 편견을 버리고 들어라

부모는 아이를 판단할 때 아이의 과거 생활 모습을 가지고 말하려고 한다. 그러면 아이의 변화와 성장을 인정해주지 않기 때문에 아이들은 숨 막혀 한다. 아이의 마음의 문을 열기 위해서는 지금까지 가진 선입관을 버리고 현재의 아이를 있는 대로 보려고 노력해야 한다. 아이의 결점, 문제점보다는 감춰진 장점, 잠재력을 찾으며 들어주어야 한다.

아이를 이기려고 하지 마라

부모는 자신이 왜 아이와 대화를 하고 있는지 늘 염두에 두고 감정에 빠지는 일이 없도록 해야 한다. 아이와 대화를 하면서 마음에 들지 않는다고 해서 화를 내거나 훈계를 해버리면 아이들은 마음의 문을 닫게 된다. 부모는 아이와의 대화에서 아이에게 이기려고 하지 말아야 한다.

아이의 이야기를 비판 없이 잘 듣는 것만으로도 아이의 마음을 열게 하고 자신의 느낌이나 문제를 털어놓게 하는 힘을 가지고 있다. 예를 들어 심리치료나 상담과정에서 내담자의 이야기를 들어주는 것만으로도 문제가 해결되는 경우가 많다. 이것은 무엇을 의미하는 것일까? 말하자면 무조건적인 수용이 우선적으로 자신의 마음을 열게 하는 기초가 된다는 것이다. 아이들은 누구나 자신이 하고자 하는 말을 하고 나면 마음이 편안해지고 이야기를 하면서 스스로 문제를 해결해갈 수 있는 자신감도 가지게 할 수 있다.

아이의 마음을 읽어주는 바람직한 10가지 대화 기술

1. 서로 헤어져 있다가 만날 때 미소로 맞는다.
2. 피곤해 있거나 감정적으로 흥분해 있을 때 심각한 주제의 이야기는 피한다.
3. 진정으로 하고 싶은 말을 할 때까지 인내하는 마음으로 기다린다.
4. 말과 표정이나 몸짓으로 전달하는 메시지가 서로 일치하도록 노력하고 이야기한다.

중간 중간에 "알아", "이해해", "그래"와 같은 말로 동의를 표현해 준다.

5. 아이가 좋은 일을 했을 때 칭찬해주고 부모의 기쁜 마음을 말로 표현한다.
6. 아이의 말을 잘 이해하지 못했거나, 의도를 깨닫지 못했을 땐, 다시 한 번 말해주길 요청한다.
7. 말을 끊지 않고 끝까지 들어준다. 대화 내용이 하찮은 것일지라도 귀하게 여겨주는 것이 건강한 대화의 기본이다.
8. 부정적인 말을 하려는 충동을 억누른다.
   "그건 옳지 않아", "어떻게 그런 생각을 하지?" 등의 대화는 금물이다.

9. "왜…"로 시작하는 문장을 사용하지 않는다.
"왜 늦었니?", "왜 그것밖에 못하지?" 등의 질문은 "~ 때문에", "글쎄, 모르겠어요."라는 결실 없는 대화를 유도하게 된다. 그러나 "왜" 대신에 "무슨"이라는 의문사로 바꾸어 질문하면 훨씬 부드럽고 효과적인 대화를 할 수 있다. "무슨 일이 있었던 모양이구나."

10. 사랑을 전하는 작은 메모를 식탁 위나 거울에 붙여두는 감성적인 대화를 한다.
"사랑해!", "아빠는 너의 모습에 자랑스럽다."

7. 부모를 피하는 아이, 어떻게 해야 할까

부모와 대화를 피하는 아이들은 부모의 부정적인 대화에 영향을 받은 바가 크다. 따라서 아이들의 마음의 문을 열고 원하는 대화를 하려면 일정한 시간을 두고 기다려야지, 만약 가압적인 대화를 요구한다면 아이들은 주눅이 들어서 대화는 더욱 어려워진다. 그렇다면 말을 하지 않는 아이에게는 어떠한 식으로 접근해야 할까?

먼저 아이의 눈을 쳐다보며 부모의 걱정되는 마음을 전한다. "우리 ○○가 요즘 표정이 시무룩하니까 엄마(아빠)는 무슨 일이 있나 궁금하기도 하고 걱정되기도 하네."라는 식의 대화로 시작하는 것이 필요하다. 하지만 아이가 대답을 안 할 경우 답답하다고 해서 아이를 비난하거나 답을 요구해서는 안 된다.

예를 들어, "너 계속 부모한테 말 안 할 거니? 말 안 할 거면 인상이라도 쓰지 말던가. 하루종일 불만 있는 표정으로 하고 있으면 부모 속이 편하겠어? 왜 너는 네 생각만 하니?" 하며 비난하거나 "말하기 싫으면 관둬." 하며 냉정하게 말하는 것은 좋지 않다.

아이가 말하고 싶지 않아하는 마음을 존중하되 " 마음이 바뀌면 언제든지 말해. 나는 언제나 ○○의 말을 들어줄 준비가 되어 있으니까. 엄마(아빠)의 도움이 필요하면 언제나 말하렴. 엄마(아빠)는 기다릴게." 하고 물러서 주는 것이 필요하다. 이러한 기다림은 아이에게 부모의 마음을 느끼고 자신의 감정을 정리할 수 있는 여유를 줄 수 있다. 그리고 아이가 얘기할 경우에는 적절한 추임새를 섞어가며 대화를 들어주는 것이 필요하다. 예를 들어 "아~ 그랬구나.", "그런 일이 있었구나.", "응, 그래." 또는 고개를 끄덕끄덕해 주는 것도 좋다.

아이는 이러한 반응을 통해 부모의 관심과 사랑을 느끼고 대화를 들어주고 있다는 안도감을 느낀다. 그리고 얘기가 끝났을 시에는 아이에게 마음을 열어준 것에 대한 고마움을 표현해야 한다. "○○에게 그런 일이 있었는지 아빠는 몰랐었네. ○○야, 고마워. 아빠한테 솔직하게 얘기해줘서 아빠는 너무 기쁘구나."

혹여나 아이의 고민이 생각지 못하게 크거나 할지라도 불안해하거나 화를 내어서는 안 된다. 부모가 감정적으로 동요할 경우 아이는 다시 마음의 문을 닫기 때문이다. 대화를 하지 않으려는 아이에게 대화를 시도하는 경우는 아이에게 여유를 두고 기다려야 하며, 그 마음이 다시 닫히지 않도록 주의해야 한다.

아이가 입을 다무는 이유

지난 20년 동안의 심리학자들의 연구결과 밝혀 낸 사실은 아이가 부모에게 입을 다무는 것은 부모들이 무의식 중에 습관적으로 내뱉은 말들이 아이들에게 정서적이고 성격적인 측면에 매우 나쁜 영향을 미쳤기 때문이라는 것이다. 아이들에게 나쁜 영향을 미치는 부모의 습관적인 말투는 아이들에게 지시하고 강요하거나 명령하는 말투였다.

아이들에게 마음의 문을 닫게 하는 말투

구분	내용
강요, 지시, 명령의 말투	"방 좀 치워라", "오늘 오후까지 반드시 이걸 다 해야 해", "심부름 좀 갖다 와라", "밥 먹을 때는 떠들지 마라", "당장 그만둬!", "입 닥쳐!", "가만히 있어", "하지 말라니까"
경고, 위협의 말투	"너 그러면 혼날 줄 알아", "제 시간에 안 오면 알아서 해!", "너 두고 봐", "아빠 말대로 하는 게 좋을 걸? 만약 그렇지 않으면, 너에게 별로 좋지 않을 거야"
당부, 윤리, 설교의 말투	"넌 바르게 행동해야 한다.", "착하게 살아야 한다.", "부지런해야지 잘 살지", "그렇게 살면 평생 고생한다.", "너도 이제 다 컸으니, 자기가 해야 할 일은 스스로 해야지"
비난, 질책의 말투	"도대체 넌 누굴 닮아서 이러는 거니?", "널 믿었던 내가 잘못이다.", "너 같은 것은 죽어야 해", "너 같은 자식을 둔 적이 없다"
조소, 비웃음의 말투	"울보", "얼간이" "멍청이"
추측, 해석의 말투	"네가 속이고 있다는 걸 알아.", "거짓말 하지?","너 그거 했지?", "사실대로 말해. 시험 못 보았지?"
집요하게 물어보는 말투	"왜 이랬어?", "이야기를 해보라니까", "그래서?"

충고하거나 이론적으로 설득하는 말투	"그런 일은 아빠와 의논해야 되는 거야.", "그렇게 하면 나중에 거지되는 거 알어?"
평가, 비판, 우롱하는 말투	"너 철들려면 아직도 멀었구나?", "너는 그렇게 해가지고는 밥 먹기도 힘들다"
둘러대거나 관심을 전환시키는 말투	"그럴 일이 좀 있어.", "넌 아직 알 필요가 없어"
비교하는 말투	"네 친구들은 저렇게 잘하는데, 너는 그 사람들 반만이라도 나에게 해봐라.", "00은 공부도 잘하는데, 넌 왜 그 모양이니?"

아이들에게 지시하거나 명령하는 말투는 아이들의 개성을 버리게 되고 숨이 막히는 생활을 가져 온다. 강요하고 지시하고 명령하는 말투를 지속적으로 하게 되면 아이는 자신의 무능력을 깨닫게 되고, 행동을 수정하기 보다는 반항적이 되기 쉽다.

경고 위협하는 말투는 명령적 말투가 효과를 얻지 못했을 때보다 강력하게 의사를 표현하는 방식이다. 경고, 위협의 말투는 아이들을 막다른 골목으로 몰고 가기 때문에 불안한 아이들을 만들게 된다. 이런 말투는 부모에 대한 저항감, 적개심을 갖게 하고 친밀감을 상실케 한다.

윤리, 설교의 말투는 어른들도 실천하기 어려운 것이 많아서 결국 수천 번을 말해도 아이를 결코 변화시킬 수 없게 된다. 그리고 설교하고 도덕적 행동을 요구하는 말투는 부모가 항상 하는 소리라고 생각하여 한 귀로 듣고 한 귀로 흘리게 된다.

비난, 질책, 조소, 비웃음의 말투는 아이들에게 씻을 수 없는 상처를 남기게 된다. 추측, 해석의 말투나 집요하게 물어보는 말투는 아이들의 마음을 당황하게 만들고 수치감을 갖게 하며, 이런 말투는 부모와 대화하고 싶은 의욕을 상실하게 만든다.

충고하거나 이론적으로 설득하는 말투는 아이가 자신의 무능력을 깨닫게 되어 자신감을 상실할 수 있다. 평가, 비판, 우롱하는 말투를 들은 아이는 반항하거나 자존심이 상하기 쉽고, 심하면 자기 비하적이며 자기 조소적으로 들려 자존감에까지 큰 상처를 줄 수 있다.

둘러대거나 관심을 전환시키는 말투는 부모가 곤란한 상태를 모면하려고 거짓말을 하거나, 거짓약속을 하면서 둘러대어 하는 말이다. 이런 말투는 아이에게 불신감을 갖게 하기 쉽다.

비교하기는 아이와 다른 사람들과 비교함으로 인해, 아이로 하여금 수치심, 부끄러움, 시기심 등을 불러일으키게 하는 말투다.

이러한 이야기를 습관적으로 듣고 자란 아이는 부모가 자신의 문제에 관심이 없다고 생각하고, 자신이 불행에 빠져 있다고 느끼게 된다. 그래서 자신을 경멸하게 된다. 그때 아이들은 부모에게 말대답을 하고, 반항하고, 투덜대고, 화를 내고, 고집을 부린다. 그리고 부모를 향해 입을 닫는다.

따라서 아이에게 부정적이고, 단정적인 언어를 사용하기보다는 긍정적인 언어를 많이 사용하며 대화하는 것이 중요하다. 아이들은 부모의 긍정적인 대화를 통해서 "아! 우리 부모가 나를 인정해 주고 있구나!"라는 생각에 보모에게 자신을 표현하려는 노력을 하게 된다.

부모가 아이와 감성적인 대화를 원한다면 좀 더 아이의 입장에서 생각해 주거나 조금만 완곡하게 돌려 말한다면 아이들과 좀 더 깊이 있는 대화의 장을 만들 수 있다.

Ⅲ. 우리 아이 인성 키우기

자신감이란 어떠한 것을 잘할 수 있다고 생각하는 마음을 말한다. 아이가 자신감을 가지게 되면 어떤 일이든 잘 할 수 있다고 생각하기 때문에 도전하지만 자신감을 갖지 못하게 되면 의욕도 없고, 도전도 하지 않게 된다. 따라서 성장기의 아이들에게 자신감은 어떤 일이든 해낼 수 있는 마음을 준다.

공부를 못하는 아이들을 살펴보면 대체적으로 자신감이 없다. 자신감이 없으니 의욕도 없기 마련이다. 그래서 공부도 싫어진다. 따라서 아이들을 올바로 성장시키는 데 가장 중요한 것은 자신감을 심어주는 것이다. 잘하지 못할 것이라는 두려움이나 잘 모른다는 것 때문에 중도 포기하거나 시작조차 하지 않으려는 아이들이 너무 많이 있기 때문이다. 이럴 때 부모의 말 한마디는 아이들에게 천군만마를 얻은 듯한 자신감을 주게 된다.

1. 꿈은 부모의 한마디에서 시작된다

성공한 사람들 뒤에는 훌륭한 부모가 있는데, 이들은 하나같이 아이들이 하고 싶은 일을 잘 할 수 있도록 믿어주고 그 모습 그대로를 인정해 주며 자기 존중감을 키워주었다고 한다. 내 아이가 잘할 수 있다는 긍정적인 생각을 가지고 어떤 일부분에 대해서 만족한 결과를 가져 왔을 때만 하는 칭찬이 아닌 끊임없이 결과에 상관없이 지속적인 격려를 통한 지지가 그만큼 중요하다는 것이다. 때로 아이들은 부모의 이러한 마음에 못을 박기도 하지만 부모의 지속적 믿음은 결국 원래 상태로 돌아오게 하는 힘이 되었다는 것이다.

정약용에게 제일 먼저 영향을 준 사람은 정약용의 아버지 정재원이었다. 정약용의 아버지 정재원(1730~1792)은 32살의 나이에 생원 진사 시험에 모두 합격하였으며, 형조좌랑, 연천현감, 화순현감, 예천군수, 진주목사를 지냈다.

정재원(丁載遠)은 고산 윤선도(孤山 尹善道)의 손녀인 해남 윤씨(海南 尹氏)와 결혼하였다. 슬하에는 정약현(丁若鉉)·정약전(丁若銓)·정약종(丁若鍾)·정약용(丁若鏞) 등 4명의 아들과 나중에 이승훈의 처가 된 한 명의 딸을 두었다.

정재원은 모든 자식들에게 똑같이 애정을 가지고 있었다. 그러나 특히 막내였던 어린 정약용에게 애정이 더 갔다. 정재원은 어린 정약용에게 할 수 있다는 마음을 가르쳤다. 그래서 글을 가르쳐 4살 때 《천자문》을 익히게 했고, 6살 때에는 〈사서삼경〉을 가르쳐 끝냈다. 정약용은 이러한 아버지의 영향을 받아 책을 읽는 것과 글을 쓰는 데 관심을 갖게 되었다. 정약용은 7세에 한시를 지었으며, 10세 이전에 이미 자작시를 모아 〈삼미집(三眉集)〉을 편찬했다. 정약용은 10세의 어린 나이에 옛 성현들이 유교의 사상과 교리를 써

놓은 책을 읽기 시작하여 정약용은 어릴 적부터 영특하기로 소문나기 시작하였다.

정재원은 관리로서 여러 지역을 다니며 정직하고 모범적인 관직 생활을 했다. 자연스럽게 아버지를 따라 다닌 정약용은 아버지의 관직 생활을 관찰하게 되었다. 나중에 이런 생활은 자신이 관직에 나갔을 때는 아버지를 모델로 삼았고, 〈목민심서〉의 지표가 되었다.

결국 정약용을 학문의 세계로 이끌고 관심을 가지게 했던 것은 바로 아버지의 역할이 컸다. 뿐만 아니라 정약용을 대표하는 저서인 〈목민심서〉도 바로 아버지를 따라다니면서 배운 것이었다. 그런 뜻에서 정약용이 만난 첫 번째 큰 스승은 바로 아버지였던 것이다.

카네기의 책 『인간관계론』에서는 칭찬이 아이의 꿈을 키우는데 얼마나 중요한지 다시 한 번 알 수 있게 해 준다. 나폴리의 한 공장에서 일하고 있는 소년이 있었다. 그는 성악가를 꿈꾸었다. 그렇지만 그의 첫 번째 선생님은 그를 낙담시켰다. "너는 노래를 부를 수 없어."라고 단언했던 것이다. "바람이 불어 문이 삐걱거리는 소리 같구나." 선생님은 심지어 이런 말까지 했다.

하지만 그의 어머니는 그를 껴안고 칭찬했다. "넌 노래를 할 수 있어. 점점 더 잘하고 있잖아." 그녀의 칭찬의 말과 격려가 그의 인생을 바꾸었다. 그는 음악을 계속했다. 그녀는 그의 음악 선생님에게 지불할 돈을 벌기 위해서 맨발로 일했다.

이 이야기의 주인공인 소년은 세계 최고의 가수라 불리는 '카루소'이다. 그가 가난에 꺾이지 않고, 혹독한 훈련에 무릎 꿇지 않았던 것은 모두 어머니의 긍정적인 말 덕분에 자신감을 가지게 되었기 때문이다.

이는 자신감이 아이를 얼마나 변화시키는지 잘 보여주는 단적인 예다.

결국 자신감을 키워주는 어머니가 있음으로 해서 큰 인물들은 어려서부터 큰 꿈을 가지고 긍정적으로 생각하는 습관을 가지게 되어 결국은 인생에서 성공할 수밖에 없었던 것이다.

Tip

〈잘못된 대화〉

- "네가 잘하는 게 도대체 뭐니?"
- "그럴 줄 알았다니까."
- "넌 도저히 어쩔 수가 없는 애구나."

→ 아이의 자신감을 깨는 대화를 하면 아이들은 오히려 마음의 문을 닫고 더욱 말을 하지 않게 된다. 더욱이 아빠를 미워하게 된다.

〈지혜로운 대화〉

- "틀려도 괜찮아. 틀리면 어떠니? 틀려도 괜찮은 거야. 누구나 실수할 수 있는 거란다."
- "네가 정말 열심히 했으면 그것으로 충분한 거야."
- "너는 잘 할 수 있을 거야. 끝까지 해보는 거야."

→ 아이의 자신감을 높이는 대화를 아이는 자신이 인정받고 있다는 생각에 더욱 높은 결과를 가져오게 된다.

2. 아이의 기를 살려주어라

우리가 단지 부모라는 이유로 아이들에게 쉽게 내뱉는 수많은 언어의 씨앗들이 아이에게 어떠한 영향력을 끼치는지 생각해보면 정말 섬뜩하기까지 하다. 아이는 부모 마음대로 움직이는 인형이 아니다. 아이들은 성장하면서 수많은 변수가 생기면서 처음의 의도와는 전혀 다른 모습으로 성장하기도 한다. 부모의 관심이 때로는 아이들에게 부담이 될 수도 있다. 따라서 성공으로 가는 대화습관도 지속적인 연습을 통해 변화할 필요가 있다.

아이가 새로운 일을 시도하려 할 때는 어른의 기준으로 무조건 못하게 할 것이 아니라, 곁에서 지켜봐 주면서 실패의 두려움을 없애주고 격려해주는 것이 중요하다.

아이의 기를 살려주기 위해서는 "넌 잘할 수 있어.", "점점 나아지고 있어.", "괜찮아 안 되면 다시 하면 돼!", "누구든 실패를 한단다. 그러니 걱정하지 마.", "조금만 지나면 나아질 거야.", "성공은 실패없어 얻을 수 없어." 라고 말해주면 좋다.

작은 일에도 칭찬을 해주어라

매일 한 가지 이상 잘한 행동에 대해서는 칭찬을 많이 해 준다. 단순히 말만이 아니라 머리를 쓰다듬어주거나 엉덩이나 등을 두드려 준다. 가볍게 안아 주거나 놀란 표정을 지어 온몸으로 아이를 칭찬해주어도 좋다.

아이가 스스로 해결할 수 있는 기회를 만들어주어라

어떤 일을 할 때 지시하기보다는 아이가 스스로 심사숙고하여 문제를 해결할 수 있는 충분한 시간을 주는 것이 좋다. 혼자서 문제를 찾아 해결할 수 있도록 끊임없이 격려하고 독립심을 북돋아준다.

비난하거나 냉소적인 태도는 금물

아이가 비록 잘못을 했다 하더라도 감정적으로 얼굴을 붉히거나 무조건 크게 화내는 일은 삼가한다. 간혹 아이가 한 일에 너무 화가 날 때 잠시 자신의 감정부터 다스리고 아이를 대해야 한다.

비교하지 마라

형제나 친구, 친척과 비교해서 아이를 위축시키지 않는다. 아이가 또래에 비해 어떤 부분에서 발달이 늦더라도 상심하지 않도록 잘하는 것을 찾아서 칭찬한다.

성취 경험을 만들어 준다

반복된 성공을 통해서 성공 경험이 누적되면 자신감이 증가한다. 따라서 아이가 충분히 달성할 수 있는 작은 목표를 부여하고 이를 성취할 수 있도록 격려하면 자신감이 증가한다.

대리 경험을 하게 한다

다른 사람이 특정 과업에서 성공을 거두는 것을 보면 "나도 할 수 있어." 라는 자신감이 증가한다. 따라서 이미 성공한 사람들이나 위인들을 모델링하여 대리 경험하게 해주면 자신감이 증가한다.

아이들이 자신감을 가지면 '난 할 수 있어.'라는 생각을 가지고 어떤 일이든 꾸준히 할 수 있고 좋은 결과를 가져오게 된다. 이러한 긍정적 사고와 행동은 보다 좋은 성과로 이어지며, 나중에는 스트레스나 강박관념 등에 덜 걸리게 만들어 준다.

뿐만 아니라 자신감이 높은 아이는 도전에 실패해도 더 많은 노력을 하며, 하는 일이 어려워도 금방 포기하지 않는다. 반면에 자신감이 낮은 아이들은 자신을 부정적으로 보고 타인에 대해서도 부정적인 태도를 취하는 경향이 많다. 그래서 어떤 일이든 쉽게 포기하고 좋은 결과를 얻지 못한다.

자신감이 강한 아이는 모든 일에 대해서 긍정적으로 사고하고 행동함으로써 공부에 대해서도 긍정적 결과를 낳게 된다. 따라서 아이의 습관을 형성할 때 "나는 잘할 수 있다."라는 자신감을 갖도록 대화하는 것이 중요하다.

3. 잠재능력을 키워줘라

"우리집에 대따 큰 TV 있는데 너희 집엔 있어?", "나 이번에 홍콩갔다 왔다.", "어제 우리 식구들 호텔가서 맛있는 거 먹었다." 등 아이들끼리의 대화를 듣다보면 흔히 들리는 말들이다. 이렇듯 아이들의 말은 많은 부분 자랑이 섞여 있다. 아이는 호기심과 자기 과시욕이 강하기 때문에 연령이 유사한 동료집단의 생활 속에서 자기를 과시하는 것이 습관화되기 쉽다. 과시욕이 강한 아이들은 학교에서 친구들의 미움을 받거나 따돌림을 많이 받는다는 연구결과도 있다.

아이 말 속에서 아이의 잠재능력을 발견하라

이런 아이들은 집에서도 부모에게 '아는 척'과 '잘난 척'을 심하게 한다. 자기가 어떤 일을 하고도 "나 잘했지?"라고 확인해야 직성이 풀린다. 결국 부모에게 관심을 받고 싶고 잘했다는 말을 듣고 싶은 마음에서 하는 말이다. 이럴 때는 무조건적으로 아이들에게 '겸손함'이라는 추상적인 가치를 가르치기 위해 "너 그러면 안 돼.", "그런 말은 하지 않는 게 좋아." 하면서 아이의 잘난 척을 억눌렀다가는 아이가 정말 가져야 할 덕목인 자신감을 잃을 수도 있다는 것을 알아야 한다.

아이들이 하는 '아는 척'과 '잘난 척'을 무조건적으로 배척하기보다는 정확한 진단을 통해서 아이들이 왜 그런 말을 할까를 생각해서 정말 너무 모르고 '아는 척'과 '잘난 척'을 심하게 한다면 "아이들이 그러면 싫어하니까 자랑은 요만큼만 해야 하는 거야.", "그건 정말 잘한 것이지만 남들에게는 이렇게 말해주는 것이 좋아."라며 대화하는 방법을 알려주는 것이 좋다.

아이가 부모에게 인정받고 싶고, 반대로 자신감이 없어서 하는 '아는 척'과 '잘난 척'이라면 아이의 '공치사'를 인정해주어야 한다. 아이들이 자신을 알아달라는 뜻에서 '아는 척'과 '잘난 척'을 했는데, 부모는 그것을 알아주지 않고 혼내거나 묵살해버리면 아이들은 부모에게 인정받지 못한다는 생각에 남아 있던 자신감마저 상실해 버리기가 쉽다.

아이들과의 대화 속에서 “어떤 말을 해도 부모가 나를 믿어 주는구나.”, “내가 실패를 하거나 잘못을 해도 부모가 다 이해해주는구나.”라는 생각을 가질 수 있는 대화를 한다. 이러한 생각이 바탕이 되어 아이는 부모에 대한 믿음을 가지고, 부모와의 정서적인 유대감을 가지게 된다. 그리고 이러한 생각에서 아이는 “나는 진짜 괜찮은 사람이야.”, “나를 믿고 의지해주는 든든한 부모가 있다.”라는 자신감을 얻게 되어 무슨 일을 하든 매사에 자신감을 얻게 된다.

정트리오를 만든 엄마

남편과 함께 7남매를 데리고 미국 시애틀로 건너가 한국 식당을 꾸려가며 뒷바라지를 하여, 정명훈, 정경화, 정명화 세 남매를 세계적인 음악가 정트리오로 길러낸 정명훈 씨의 어머니 이원숙 씨의 교육관이 놀랍다. 그녀는 아이들의 잠재력이 어느 쪽에 있는가 관찰하는 과정에서도 아이 자신의 판단과 결정을 존중하여 기다릴 줄 아는 인내심을 가지고 있었다. 소위 아이들이 ‘아는 척’과 ‘잘난 척’을 하였지만 그것을 인정하고 격려를 통해서 자신감을 갖게 한 것이다.

부모는 아이가 나이가 어리다는 것만으로도 자신을 보는 관점이나 아이의 판단력을 과소평가하기 쉬우나, 이원숙 씨는 아이의 결심을 기다려줄 줄 아는 어머니였다. 그리고 아이가 결심을 하면 그 잠재력과 열정을 키우기에 가장 좋은 환경을 찾아주고자 노력하는 어머니였다. 그녀는 아이의 장점을 충분히 찾아내고 그것을 존중하고 인정해 주는 노력을 하였다. 아이들은 어머니의 인정으로 자신감으로 얻고, 결국 오늘날 세계의 음악 트리오가 된 것이다.

이원숙 여사의 경우에서 알 수 있듯이 아이들의 '아는 척'과 '잘난 척'을 무시하지 않고 그 속에서 아이의 잠재능력을 발견하고 선택할 수 있는 기회를 부여하여 성공하는 아이로 키운 것이다. 우리는 가끔 아이들의 빛나는 잠재력을 미처 알아보지 못하고, 그저 어떤 한 방향으로 아이들을 몰아붙여 '불운아'가 되도록 하는 것은 아닌지 곰곰이 생각해볼 일이다.

Tip 아이에게 자주 해 주면 좋은 칭찬과 격려의 대화

1. 넌 할 수 있어
2. 잘했어.
3. 똑똑하기도 하지.
4. 네가 자랑스러워.
5. 엄마가 언제나 너 응원하는 거 잊지마.
6. 넌 최선을 다하기만 하면 돼.
7. 넌 정말 소중한 존재야.
8. 넌 그럴 자격 있어.
9. 자 힘내서 한번 해봐.
10. 최선을 다 해봐.

→ 아이에게 아침마다, 또는 유치원이나 학교를 갈 때마다 아이에게 위의 말을 해보자. 아이들은 부모의 말을 듣고 자신감을 갖게 될 것이다.

4. 실패를 두려워하지 말게 하라

아이들은 한 번의 실패로 인하여 마음을 크게 다친다. 초등학교 5학년인 미영이는 자타가 인정하는 우등생이었고, 반장인 데다 교내외 각종 대회에서 상이란 상은 죄다 휩쓸었다. 미영이는 '학교의 자랑'이었으며, '집안의 자랑'이었다. 그런 미영이가 학교에서 발표하던 중 한 선생님으로부터 발표가 적절하지 못했다는 가벼운 지적을 들은 후 아이는 급격히 표정이 어두워졌다.

사람들의 눈치를 살피기 시작하였고, 급기야는 자기가 잘 할 수 있는 것만 하려고 하였다. 한마디로 기가 팍 죽었던 것이다. 부모는 아무리 달래도 소용이 없었다. 한 번의 가벼운 실패가 소위 잘나가는 아이를 기가 죽은 아이로 만들어 버린 것이다. 이처럼 아이들의 가벼운 실패가 기죽은 아이를 만들고 결국에는 자신감을 상실하게 만들 수도 있다.

실패를 통해 위대해진다는 사실을 알려주자

우리가 잘 알고 있는 토마스 에디슨도 수없이 많은 실패 속에서 성공을 하였다. 어릴 때부터 어머니는 에디슨의 수많은 실패와 좌절 속에서도 격려하는 것을 잊지 않았다. 그 결과 토마스 에디슨은 1,000종 이상을 발명했지만, 발명의 왕이 되기까지 에디슨은 수백만 번의 실패를 거듭했고 다시 일어나 도전하였다.

에디슨은 84년 생애 동안 무려 1천93개의 발명품을 남겼으며, 기록한 아이디어 노트만 해도 3천4백 권이나 된다. 그는 60이 넘어서도 실험에 열중하다 자신의 연구소를 모두 불태워 모든 것을 잃었다. 그러나 그는 좌절하지 않았다. 최악의 상황에서도 어머니의 해주었던 든든한 격려를 바탕으로 자신의 도전의지를 불살라 다시 재기하는 데 성공하였다. 이처럼 격려는 아이가 평생 자신감 있게 사는 데 큰 힘이 된다.

MBC 프로그램 중에 '성공시대'라는 프로그램이 있었다. 이 프로그램에 출연하는 주인공들은 우리가 아는 성공한 사람들이었다. 성공시대에 출연한 주인공이 189명이었는데, 이들 모두가 자신이 성공하기까지 절망적인 실패담을 들려주었다.

결국 이들은 성공한 인생을 살려면 한 번 이상은 꼭 실패해봐야 한다는 교훈을 알려준다. 따라서 '실패는 성공의 어머니'라는 말이 결코 틀린 것은 아니다. 실패한 이유를 제대로 분석했을 때 성공할 수 있는 확률 또한 높아지기 때문이다. 따라서 아이들에게 실패는 한 번쯤 겪는 경험이며, 값진 성공일수록 실패 또한 크다는 것을 알려주어 실패가 두려워야 할 대상이 아니라 한 번쯤 겪어야 하는 일상이라는 것을 알려주어야 한다.

실패를 두려워하거나 실패해서 좌절하고 있는 아이에게 다음과 같은 말을 해 준다면 아이들은 자신감을 얻게 될 것이다.

미국의 전설적인 홈런타자 베이브 루쓰(Babe Ruth)는 전에 1,330번이나 삼진을 당했지만, 우리는 그가 날린 714개의 홈런을 기억할 뿐이다. 지금은 농구 황재가 된 '마이클 조던'은 초등학교 때부터 농구를 시작해 열두 살에 농구의 MVP로 선정 되었다. 그러나 고등학교 때는 학교 대표팀에서 탈락하였지만 그는 포기하지 않고 노력하였기 때문에 현재의 마이클 조던이 된 것이다. 영국의 소설가 '존 크레'는 지금까지 564권의 책을 출판하여 남들로부터 대단한 저력가라는 평을 받았다. 하지만 그런 명성을 얻기까지 그는 수많은 출판사에 원고를 제출하여 753통의 거절장을 받았지만 그는 포기하지 않고 도전하였기 때문에 세울 수 있었던 기록이다.

또 1988년 록큰롤 명예의 전당에 오른 인기 가수 '다이애나 로스'는 9집 앨범을 낼 때까지 하나의 히트곡이 없었지만 포기하지 않고 끊임없이 도전하였고 팝의 명곡 Endless Love를 불렀다. 오늘날 오락 산업의 대부이고 디즈니랜드의 설립자인 '월트 디즈니'는 다섯 번이나 파산을 경험했지만 그는 끊임없이 도전하여 오늘날의 명성을 갖게 되었다.

결국 성공한 사람들은 실패를 두려워하지 않고 도전했기 때문에 자신들이 원하는 목표에 도달할 수 있었던 것이다. 따라서 우리 아이들에게도 실패는 당연하게 겪어야 할 경험이라고 인식시켜 실패를 두려워하지 않도록 해야 한다.

Tip

〈잘못된 대화〉

- 뭐 하나라도 제대로 할 수 없겠니?
- 안 봐도 뻔하다. 그럴 줄 알았어.
- 엄마가 그렇게 하지 말라고 했었지.
- 그럼 그렇지. 네가 하는 게 그렇지. 일 낼 줄 알았다.
- 넌 생각해낸 것이 겨우 거기까지밖에 안 되니?
- 네 생각처럼 쉽게 되지는 않을 거다.
- 끝내지 못할 일은 시작도 하지 말아야지.
- 그럴 줄 알았다. 제대로 하는 게 없구나.

→ 부모가 아이에게 부정적으로 단정하듯이 말하게 되면 아이들은 부모의 의도와는 달리 오히려 그렇게 되는 경향이 많다. 따라서 절대적으로 부정적으로 단정하는 듯한 말은 하지 말아야 한다.

〈지혜로운 대화〉

- 아빠는 항상 너를 믿는단다.
- 네가 해내지 못했지만 노력했던 그 과정만으로도 정말 훌륭하다.
- 그러니까 넌 내 딸(아들)이지.
- 누구나 실수를 하기 마련이야.
- 처음이라 힘들었지만 몇 번 해보면 쉬워질 거야.
- 슬퍼하지 마. 아빠가 여기 있잖아.

→ 실패를 두려워하지 않게 하려면 부모가 결과에 연연하지 않는다는 것을 알려주어야 한다. 이러한 부모의 말은 아이의 두려움을 없애는 데 도움이 된다.

5. 비난을 두려워하지 말게 하라

아이들뿐만 아니라 사람이라면 누구나 비난이 두렵기 마련이다. 하지만 성인들은 나름대로 비난을 받으면 충격도 받지만 극복하는 방법을 알고 있다. 그러나 아이들은 비난을 받으면 심한 정신적인 충격을 받아, 긴장되고 불안해하기 쉽다. 따라서 아이에게 무심코 던지는 비난은 오히려 아이의 문제 행동만 더 부추기게 하거나 자신감을 상실하게 만든다.

비난을 받아 자신감을 상실한 아이에게는 아이가 잘하는 점이나 좋아하는 점을 찾아 가족 안에서 나타날 수 있도록 만들어주고 그에 대해 칭찬을 해 주는 방법이 좋다. 그러기 위해서는 아이에게 관심을 가지고 아이가 잘하는 점이나 좋아하는 점을 알아내는 것이 중요하다.

잘못해서 아이가 잘하지 못하거나 싫어하는 일을 아이에게 시킨다면 그것은 오히려 아이가 좌절하고 자신감을 더욱 상실하게 하는 결과를 만들게 된다. 아이들에게 새로운 자신감을 얻을 수 있는 행동을 시도를 하는 것이 처음에는 어색할 수 있지만 시간을 가지고 노력한다면 아이는 잃었던 자신감을 다시 찾게 될 것이다.

역사 속에서 비난을 받았지만 좌절하지 않고 자신감을 가지고 도전하였기에 성공한 사람들의 일화를 들려주는 것도 좋은 방법이다. 세계적인 영화배우 잉그리드 버그만은 1915년 스웨덴에서 출생하여 당대 만인의 연인이었으며 오스카상를 무려 세 번이나 수상한 대배우였다. 그러나 그녀에게도 슬픈 시련은 있었다. 영화배우가 되기 위해서 오디션을 보러 갔는데 심사위원이 코가 너무 크고 치아가 튀어 나왔기 때문에 배우에는 어울리지 않는다고 혹평을 하였던 것이다. 그러나 잉그리드 버그만은 좌절하지 않고 "난 내 코가 좋아요." 하고 오디션장을 빠져 나왔다. 그녀는 한 번의 비난이 오히려 "꼭 성공하고 말겠다."는 강한 자신감으로 바뀌어 새롭게 오디션에 도전하였다. 그리고 오래지 않아 그녀는 〈누구를 위하여 종을 울리나〉, 〈가스등〉, 〈카사블랑카〉 등에 출연해 세계 영화팬들의 가슴에 지울 수 없는 감동을 남겼다. 또한 숱한 명작의

여주인공으로 등장해 헐리웃의 대스타로 성공을 거두었다.

오늘날 미국의 유명한 영화배우인 클린트 이스트우드와 버트 레이놀즈도 비난을 견디고 “나는 할 수 있다.”는 자신감을 가지고 노력하여 오늘날처럼 성공할 수 있었다. 1959년에 유니버셜 영화사의 책임자는 클린트 이스트우드와 버트 레이놀즈를 동시에 해고시켰다.

버트 레이놀즈에게는 “당신은 배우가 될 소질이 전혀 보이지 않아.”라고 말했고, 클린트 이스트우드에게는 “당신은 앞니가 하나 깨졌고, 목의 울대가 너무 많이 튀어나왔어. 게다가 당신은 너무 말을 천천히 하거든”이라며 비난하였다. 그들은 마음이 매우 아팠다. 하지만 나중에 꼭 성공해서 이 비난이 아니라는 것을 증명하려 노력하였다. 다들 잘 알고 있듯 결국 버트 레이놀즈와 클린트 이스트우드는 훗날 헐리웃 영화 산업의 대스타가 되었다.

세계 최초로 전화기를 발명한 벨도 그의 통신 실험이 성공했으면서도 불구하고 사람들은 그를 정신병자라고 생각하였다. 굳이 말로 전달해도 되는 것을 장난감 같은 기계를 만들어서 대화를 하려고 하였기 때문이다. 그렇지만 벨은 전화기를 발명하여 특허를 얻었다.

벨이 전화기를 발명하던 당시, 세계 최고의 전신회사이던 웨스턴유니언 사장은 벨이 음성전화 기술 특허를 10만 달러에 팔겠다고 제안했을 때 웨스턴유니언 사장 오톤은 벨의 발명품이 장난감보다 못하다고 생각해서 일언지하에 거절했다. 그러나 그는 사람들의 비난을 의식하지 않고 꼭 성공할 것이라는 강한 자신감으로 벨이라는 자신의 본명을 딴 전화기계 제조회사를 차려 그동안 연구하기 위해서 쓴 돈의 몇만 배나 더 많은 돈을 모을 수 있었다.

비행기를 발명한 라이트 형제는 훌륭한 싸움꾼이었다. 사람들은 인간이 하늘을 난다는 것이 불가능하다고 생각하였기 때문에 라이트 형제의 무모

한 도전을 곱지 않은 시선으로 "미친 짓"이라고 비난하였다. 그러나 라이트 형제는 어떤 위협에도 굴하지 않고 진실을 수호했고, 식을 줄 모르는 열의를 갖고 경청했고 유연한 사고를 가졌다. 논리적이지 않은 비난을 무시하였다. 그러나 발전적이고 건설적인 논쟁을 통해 초기의 거친 아이디어를 다듬고 구체적으로 형상화할 수 있었다. 그래서 그들은 마침내 비행기를 만들어 하늘을 날았다.

알프레드 노벨은 자신이 만든 다이너마이트 등의 폭약으로 엄청난 돈을 벌어들인 억만장자이며 노벨상을 만든 사람이다. 원래 노벨이 다이너마이트를 만든 이유는 광산에서 굴을 팔 때 사람의 힘으로 팔 수 없는 부분을 뚫을 때 쓰기 위해 다이너마이트를 개발하였다. 원래의 목적은 평화적인 이유로 만들어 진 것이다. 그러나 자신이 만든 다이너마이트가 전쟁 등에서 사람을 대량 살상하는 악마의 발명품으로 사용되자 노벨은 국제적으로 비난을 받게 되었다. 노벨은 점차 자신이 만든 폭약에 의해 희생한 사람들을 생각하게 되었다. 자신의 재산을 정리하여 노벨 재단을 만들게 했다. 그래서 그가 죽은 뒤에 노벨 재단, 노벨상 등이 만들어졌다.

이처럼 세상을 이끌어 가는 사람들의 삶은 순탄하지 않다. 나름대로 자신과의 싸움으로 힘들기도 하지만 주변의 수많은 비난에 힘들어 하기도 한다. 한 광고에서는 "남들과 다르다는 것은 약간의 시샘과 부러움의 대상이 된다."고 하였다. 남들과 다르다거나 남들보다 앞서게 되면 사회는 가만 놔두지 않는다. 딴지를 걸거나 뒤에서 붙잡아 끌거나 심지어는 헐뜯고 비난하여 꼭 추락하는 것을 보고자 하는 사람들이 항상 존재한다. 아이들에게 성공에는 비난이 함께 따른다는 것을 알려주고, 비난을 두려워하지 않도록 해야 한다.

Tip 자신감을 회복하는 대화

아이가 잘하는 일이나 할 수 있는 일을 시킨 후 그 결과를 칭찬해 준다.

아이의 그림을 벽에 전시한다거나 잘 한 일을 찾아서 다른 사람들에게 말해 준다.

심부름이나 평상시 일을 해도 인정해주고 결과에 대해 다음과 같이 말하면서 기뻐해 준다.

- "역시 너는 대단해."
- "우리 ○○는 착하기도 하지."
- "우리 ○○는 부지런하기도 하지."

6. 한번 시작하면 포기하지 않게 한다

아이들을 강하게 키우기 위해서는 불굴의 정신을 길러 주어야 한다. 자기가 세운 목표를 달성하기 위해서는 어떠한 상황이 와도 포기하지 말고 꾸준히 도전해야 함의 중요성을 알려주어야 한다. 따라서 아이가 어떤 것에 흥미를 느껴서 시작하려고 한다면, 기회가 있을 때마다 끈기를 갖고 꾸준히 노력을 할 수 있도록 부모는 격려해야 한다. 끝까지 도전해서 성취감을 얻을수록 아이는 도전정신이 더욱 커지고 포기하지 않게 된다.

아이가 시작한 것을 포기하지 않게 하기 위해서는 '포기하지마.', '포기하면 안 돼.'라고 명령하기보다는 '아빠(엄마)는 끝까지 하는 동수가 보기 좋아.', '힘들면 아빠(엄마)가 도와줄게. 언제든지 말해.'라고 부모의 바람이나 기대감으로 말하는 것이 아이에게 따뜻한 격려가 된다.

아이들이 세운 목표에 도달하게 되면 아이들은 성취감을 느끼고, 성취감은 더욱 높은 자신감을 준다. 이렇게 쌓인 자신감은 기나긴 인생의 여정에서 어른이 되어서도 목표를 잃지 않고 성공하는 삶을 살게 해 준다.

고승덕 변호사에 대해서는 사람들이 어떤 직업을 가진 사람인지 의아한 사람이 많다. 그도 그럴 것이 고 변호사는 어떤 때는 변호사로서, 어떤 때는 주식의 전문가로서 만나기 때문이다. 사람들은 그를 천재라고 한다. 잘은 모르겠으나 범재는 아닌 듯하다. 서울법대 재학 중에 사법시험에서 최연소로 합격하였으며, 외무고등고시에서는 차석, 행정고등고시에서는 수석으로 합격하여 고시3관왕이 되었다.

고 변호사는 시대를 정확히 읽고 무엇이 시대를 주도할 것인가 즉, 트렌드를 정확히 분석하고 통찰하였다. 그래서 그는 사회의 주류를 이루는 트렌드를 예측하고 그 분야의 전문가가 된 것이다. 그는 법조인으로 만족하지 않고 증권이 사회의 관심사로 등장할 것이라는 예측과 함께 증권에 대해 깊이 파고들어 증권업계에서도 고수로 통한다.

고 변호사는 자신의 성공요인을 "포기하지 않으면 불가능이란 없다."는 말로 대변하고 있다. 불가능이 발생하는 유일한 순간은 바로 포기하는 순간이라는 것이다. 그리고 그는 "절대로 자신을 남들보다 뛰어나다고 가정하지 말아야 한다."는 충고를 전한다. 이 말의 의미는 자신이 남들보다 뛰어나도 자만하지 말고 그들과 나의 능력은 동일하다고 생각하고 남들보다 더 노력해야만 그들을 앞서갈 수 있다는 것을 의미한다.

인디언들은 비가 오지 않아 가뭄이 들면 기우제를 지낸다고 한다. 그런데 인디언들이 기우제를 지내면 꼭 비가 온다고 한다. 왜 이런 현상이 일어날까? 이 질문에 아마 당신은 '지성이면 감천이다.'란 말처럼 뭐 열심히 공을 들여 기도를 하기 때문이라고 생각할 것이다. 인디언들의 풍속을 연구하는 학자들이 이를 연구했는데 어떤 특별한 초능력을 소유한 게 아니라 이들은 비가 올 때까지 기우제를 지낸다는 것이다. 말하자면 끝까지 해 본다는 것이다.

결국 부모가 아이들에게 성공을 위해 줄 수 있는 것은 포기하지 않는 사람으로 만들어주는 것이다. 인생이란 운동 경기와 비슷하다. 지다가도 이기는 것이 운동 경기이다. 운동 경기의 극적인 감동은 역전승의 기쁨이라 할 수 있다. 지고 있다고 포기하면 정말 이길 방법이 없다. 그러나 언제나 상황은 달라질 수 있다고 믿고 포기하지 않으면 뒤집어질 수도 있다.

결국 성공한 많은 사람들은 구체적인 목표를 가졌기 때문에 성공을 이룬 것이다. 따라서 목표설정과 포기하지 않는 태도는 꿈을 실현하는 밑거름이 됨을 아이에게 알려준다면 아이들은 포기하지 않는 삶을 살게 될 것이다.

Tip

〈희망을 주는 대화〉

- "그렇게 하기 싫을 때가 누구나 있단다."
- "이전보다 그래도 훨씬 더 좋아졌는데."
- "네가 해보고 싶었던 일을 했다는 것만으로도 정말 대단한 거야."

→ 아이가 어떤 일에 대해 두려움이 있거나 실패했을 때는 아이의 입장을 이해하는 듯이 대화를 하면 아빠가 나를 혼내지 않고 오히려 격려하고 있다는 생각에 실패를 두려워하지 않게 된다.

7. 상대방을 존중하게 하려면 존댓말을 써라

부모는 아이의 거울이다. 부모의 가치나 목적, 성실한 삶의 모습은 아이의 역할 모델이 된다. 그래서 부모가 아이에게 존댓말을 사용하면 아이도 저절로 따라하게 마련이다. 그러나 부모가 아이에게 존댓말을 사용하기란 그리 쉬운 일이 아니다. 그렇다고 해서 어려운 일도 아니다.

우선 아이가 말을 배울 때가 되면 부모는 아이와 대화를 할 때 존댓말을 사용함으로써 아이에게 본보기가 되어야 한다. 또한 아이를 자신의 소유물이 아닌 하나의 인격체로 보고 아이를 존중해주는 차원에서도 좋은 방법이라고 할 수 있다. 존댓말 가르치기에 실패하는 부모를 보며 부모는 반말을 하면서 아이에게는 존댓말을 사용하라고 강요하기 때문인 경우가 많다.

안철수는 자신에게 영향을 가장 많이 준 사람이 누군가를 물으면 어머니라고 말한다. 이유는 어머니가 자신이 태어나서 지금까지 존댓말을 해주었다는 것이다. 그래서 안철수는 지금까지 만나는 사람들에게 존댓말을 했다고 한다. 심지어는 군대에서 자신의 병사들에게도 존댓말을 했다는 것이다. 이처럼 어릴 때부터 부모가 해준 존댓말은 아이의 성장에서 중요한 영향을 끼친 것이다.

말은 모방에서 시작된다. 부모에게서 배운 존댓말은 아이가 어느 누구에게든지 예의바른 행동을 하게 되고 다른 사람을 존중할 수 있게 된다. 리더는 자신이 책임지고 있는 조직 구성원들을 존중할 줄 알아야 한다. 아이에게 존댓말 하는 습관을 통해서 타인을 존중할 수 있는 능력을 기른다.

엄마 : "여보, 주말인데 하루종일 집에만 누워 있을 거야?. 허리도 안 아파?"

아빠 : "피곤해서 잠 좀 자야겠어. 제발 좀 쉬게 나 좀 가만 둬라."

엄마 : "다른 집들은 주말이면 가족끼리 등산도 가고 영화도 보고 그런다는데…"

아이 : "아빠, 피자 좀 사 줘."

아빠 : "너! 아빠에게 반말했어?"

아이 : "아빠는 엄마랑 존댓말 사용 안 하잖아요?"

→ 아이들은 아빠의 대화 기술에서 혼란스러움을 느낀다. 존댓말을 사

용하지 않는다고 아이들을 나무라기 전에 부부가 존댓말을 쓰면 아이들도 따라서 존댓말을 사용하기 때문에 교육적으로도 좋다.

어른들의 말하기 습관이 좋지 않거나 집안의 대화 기술이 좋지 못하면 아이의 말하기 습관도 나빠지는 것은 당연하다. 문제는 말하기 습관은 어려서 잘못 들여놓으면 다 자란 다음에는 잘 고쳐지지 않는다. 따라서 아예 말을 배울 때부터 존댓말을 제대로 사용하도록 지도하는 것이 좋다. 어려서부터 존댓말을 사용하는 습관을 들이면 성인이 된 후 자연스럽게 존댓말을 사용할 수 있게 되어 결국은 사람들이 좋아하는 리더가 될 수 있다.

부모가 아이에게 돈을 들여 피아노, 미술, 수학, 국어 등 여러 학원에 보내고 공부도 열심히 시키는 이유는 아이가 자란 후 훌륭한 사회인으로 인정받도록 하기 위해서일 것이다. 그러나 앞으로는 말 습관이 바르지 못하면 아무리 성적이 좋고 재능이 많은 사람도 존경받기가 어려울 것이다.

8. 정직한 아이로 키우고 싶다면 부모가 먼저 약속을 지켜라

사람은 함께 더불어 살아가야 하고, 그러기 위해서는 많은 약속이 필요하다. 요즈음에는 지식 정보화 사회로 급격하게 발전해 가는 과정 속에서 인간적 만남의 기회가 줄어들고, 공동체 의식이 많이 결여되고 있는 현실이지만, 사람이 함께 살아가야 한다는 것은 변함없는 사실이다. 그렇기에 더불어 살아가기 위한 약속들에 대한 교육은 빠질 수 없다.

일단 아이들에게 약속의 중요성을 알려주기 위해서는 부모도 약속한 대로 행동해야 한다. 예를 들어, 부모가 아이에게 "숫자를 100까지 센다면 맛있는 아이스크림을 주겠다."라고 아이에게 약속을 한다면 아이는 부모를 믿고 숫자 100까지 세기 위해 열심히 공부할 것이다. 그 뒤 아이는 숫자 100까지 세는 법을 터득하게 되고 부모 앞에서 자신 있게 1부터 100까지 세 보일 것이다.

만약 부모가 아이가 100까지 세었음에도 불구하고 약속했던 아이스크림을 주지 않으면 아이는 크게 실망할 것이다. 그렇게 부모가 계속해서 아이와의 약속했던 행동을 지키지 않는다면 아이는 부모를 불신하게 될 것이며, 아이 역시 정직하게 말하기 습관을 갖지 못할 것이다. 그러므로 부모나 아이를 가르치는 사람은 아이와 대화할 때는 물론이며 아이 앞에서의 모든 말과 행동은 정직하게 일관되어야 할 것이다. 그리고 거기에서 아이는 옳고 그름을 구별하게 되고 정직한 말 습관을 익히게 될 것이다.

『리더로 키운 유태인 부모의 말 한마디』에서는 "재능과 더불어 훌륭한 인격을 갖춘 사람으로 키우기 위해서는 부모가 먼저 모범을 보여야 한다."고 말했다. 앞에서도 말했지만 부모나 아이를 가르치는 사람은 아이와의 대화에서 먼저 모범을 보이는 것이 가장 좋은 방법이고 중요하다는 것을 알아야 한다.

9. 순간적인 거짓말도 어릴 때 바로잡아야 한다

아이들은 누가 봐도 뻔한 거짓말을 자주 한다. 아이들이 순간적인 거짓말을 하는 이유는 관심을 받고 싶어서이기도 하고, 야단맞을까 봐 그러기도 한다. 순간적인 거짓말은 정상적인 발달과정에서 나타나는 현상이긴 하지만 거짓말은 습관이 될 수 있기 때문에 바로잡아줘야 한다.

순간적인 거짓말을 그냥 인정하고 받아들이게 되면 아이는 습관적이 되고, 바늘도둑이 소도둑이 되듯이 순간적인 거짓말이 고정된 거짓말이 될 수 있기 때문에 바로 잡아줘야 한다. 순간적인 거짓말을 할 때 아이들에게 부담감을 주지 않고 바로 잡는 방법은 다음과 같다.

아이의 거짓말은 자연스러운 일임을 받아들인다

아이들이 거짓말을 하는 것은 자연스러운 현상이다. 그러므로 부모는 아이의 거짓말을 너무 심각하게 받아들이지 말아야 한다. 부모가 아이가 거짓말을 한다고 해서 너무 놀라거나 나쁘다고 말하면 아이에게 심리적인 충격을 줄 수 있다.

거짓말이라고 하지 않는다

아이가 거짓말을 했더라도 "거짓말 마."라고 표현하지 말아야 한다. 아이 입장에서는 거짓말을 하려는 의도보다 이야깃거리가 없어서 순간적으로 지어내는 거짓말이 많은데 이런 것까지 거짓말로 인정받게 되면 아이는 더 이상 할 말이 없어지게 된다.

아이의 마음을 이해해 준다

아이들은 부모에게 관심과 칭찬을 받고 싶은 마음에 거짓말을 하기도 한다. 이럴 때는 "아 그랬구나. 우리 ○○가 기분 좋았겠다. 그런데 다음부터는 그러면 안 돼."라며 아이의 마음을 이해하면서 타인을 살펴볼 수 있게끔 만들어주는 것이 필요하다.

10. 책임감을 키우려면 아이가 한 일에 책임지게 해라

아이들의 행동에 있어서 실수는 있을 수 있다. 하지만 거기에는 반드시 책임져야 할 결과가 있다는 것을 가르쳐 주어야 한다. 이것이 부모가 아이를 훈련할 때 쓸 수 있는 강력한 무기이다. 아이로 하여금 그들의 행동에 대한 결과를 책임지게 하는 것은 부모로서 정말로 하기 힘든 결정 중 하나다. 그러나 논리적으로 아이의 연령에 감당할 만한 결과를 경험케 하고 책임지게 하는 것은 아이 양육문제의 많은 경우에 있어서 좋은 해결방안이라고 전문가 들은 말한다.

아동 심리학자 데일 야곱은 그의 책 『입술을 봉하라(Element)』에서 다음과 같이 말한다. "우리가 살아가면서 무슨 일을 하든지 거기에는 반드시 결과가 있기 마련이다. 만약 전기세를 내지 않는다면, 집에서 전기의 혜택을 받지 못할 것이고, 일을 잘못하거나 직장에 나타나지 않으면 해고당할 것이다. 아이들이 스스로 책임지는 것을 배우게 하려면 부모는 아이들 스스로가 선택한 것에 대하여 책임져야 할 결과를 경험하게 해야 한다."

부모만 의지하는 나약한 아이로 만들지 말아야 한다. 본능적으로 부모는 아이를 불행으로부터 보호하고자 한다. 그렇다고 계속해서 덤벙대며 학교 준비물을 잊어버려 매번 학교까지 갖다 주는 것으로 인해 아이가 앞으로 험악하고 거친 현실세계를 헤쳐 나갈 수 있을 지를 고민해봐야 한다. 차라리

건망증에 대한 결과를 맛보게 하는 것이 아이 스스로가 책임감을 느끼고 주변을 정리케 하는 데 도움을 줄 것이다.

어떤 행동이 허용되고 또 나쁜 행실의 결과는 무엇인지 아이가 분명하게 이해해야 한다. 항상 기억해야 할 것은 어떤 일이 부모에게는 수긍이 가는 일이라고 아이도 당연히 수긍할 것이라고 생각하는 것은 옳지 못하며, 부모가 취한 반응에 대해 아이의 마음속에 의문점이 남아있지 않게 하는 것 또한 중요하다.

어떤 한 아이의 부모는 아이의 행동에 대한 결과를 미리 생각하여 두었다가 적절하게 반응할 준비를 해둔다고 한다. 그래서 여러 대안을 생각해 두었다가 문제발생 시 아이와 정면충돌을 피할 수 있었다고 한다. 만약 아이가 선택의 자유와 함께 자신의 행동에 대한 결과를 인식하며 그것으로부터 뭔가를 배우며 성장한다면, 굳건한 기반 위에 설 수 있을 것이다.

아이를 책임감 있게 키우는 데 5가지 원칙이 있다

첫째, 한계를 정해준다. 해서는 안 되는 일과 해도 좋은 일을 구별할 수 있도록 제안을 둔다.

둘째, 주어진 한계 안에서 선택과 자유를 준다.

셋째, 선택한 행동의 결과를 예측하고 수용하도록 한다. 때로는 적절한 선택이 아니라는 생각이 들어도 선택에 따른 결과가 어떨지 예측하고 큰 무리가 없다면 아이가 선택한 행동의 결과를 그대로 받아들이는 경험과 자세가 필요하다.

넷째, 아이와 토론의 시간과 장소를 제공한다. 능력이 있는 아이는 무조건 그래야 한다는 설명보다는 토론을 통해 한계에 대한 정확한 이유를 이해할 때 행동으로 옮길 수 있다.

다섯째, 부모가 규칙을 준수하고 질서를 지키는 일에 모범을 보여야 한다.

아이들 스스로 자신의 문제점과 개선할 점을 찾게 한다

아이가 자기 문제를 얼마나 빨리 말하느냐는, 부모가 어떻게 일깨워주느냐에 달려 있다. 일단 아이가 자신의 문제점을 확인하면, 아이 스스로 그것을 변화시키는 것을 목표로 삼고 고칠 수 있도록 도와준다.

매주 또는 한 달에 한 번 진행되는 대화를 통해 아이가 고치려고 노력 중인 문제를 자주 상기시켜 준다. 또 여러 가지 좋은 점도 함께 말해주어 아이가 자신감을 잃지 않도록 해 준다. 식사나 가족회의를 할 때 누가 어떤 문제를 고치기로 결심했는지 말하게 한다. 그러면 다른 사람들은 아이를 격려하고 칭찬해주고, 돕겠다고 약속해서 용기를 북돋아준다. 그러다보면 자연스럽게 책임감은 스스로 일깨워지게 된다.

Tip
아이들이 월간·주간 목표에 대해서 이야기할 수 있는 환경을 만들어준다.

- "아빠는 이번 달을 생각해보니 계획했던 대로 못한 게 많구나. 넌 이번 달에 계획했던 일은 어때?"

- "아빠는 이번 주 1kg 체중감량 목표였는데 남은 시간 동안 더 열심히 해야 될 것 같아.
  우리 아들은 이번 주 세운 계획들 잘 되어 가고 있니?"

→ 아이들이 자기가 세운 계획대로 생활하게 하려면 항상 목표를 세우도록 대화한다. 목표는 주간목표나 월간목표를 세우고 구체적으로 실천하도록 대화하는 것이 좋다.

11. 쉽게 좌절하지 않게 하려면 강하게 키워라

요즘은 대부분 아이를 한둘만 낳는다. 평균적으로는 부부 한 쌍이 거의 한 명 정도의 아이를 낳는다는 통계 결과도 있다. 그러다 보니 아이들을 귀하게 키우려는 노력이 경쟁하듯이 벌어지고 있다.

고학년이 되어도 모든 것을 부모에게 의지하는 아이들이 늘고 있다. 문제는 아이들은 계속 부모에게 의지하면서 나약해진다는 것이다. 평생을 부모가 살아서 보살필 수 있다면 모르지만 결국 부모 곁을 떠나야 할 아이들이기 때문에 아이가 자신의 길을 착실하게 밟아나갈 수 있도록 엄하게 다스릴 필요가 있다.

아이들이 생활하는 모습을 보고 안타까워서 부모가 대신해주는 방청소, 옷 정리, 등하교 지원 등이 어쩌면 아이들이 직접 할 수 있는 기회를 빼앗을 수 있다는 것이다. 따라서 아이들이 할 수 있는 일은 아이 스스로 할 수 있도록 도와는 주되 부모가 모든 것을 다해서는 안 된다. 매사에 아이에게 독립심을 키워주고 스스로 할 수 있도록 기회를 주어야 한다.

김구의 아버지 김순영은 학식은 없었으나 덩치가 크고 매우 정의로운 사람이었다. 김구의 집안은 원래는 유명한 양반 집안이었으나 당파싸움에서 밀려나 몰락하여 상민이 되었다. 김구의 아버지는 상민이면서도 양반이라고 목에 힘주면서 상민들을 괴롭히는 사람들을 닥치는 대로 때려눕혔기에 해주감영을 제집 드나들 듯하였다.

아버지 김순영은 가난한 자들에게는 잘하고 양반들에게는 엄하게 대하였기 때문에 양반들은 아버지를 두려워하였지만 상민들은 아버지를 존경하였다. 어린 김구는 아버지가 약한 상민이면서도 사회의 정의를 바로 잡기 위해서 노력하는 것을 보고 자신도 나중에 어른이 되면 아버지 같은 사람이 되어야겠다고 생각하였다.

김구의 아버지가 두려운 존재가 되자 양반들은 아버지에게 잘 보이려고 지금의 면장과 같은 직책을 마련해주었다. 하지만 아버지는 벼슬을 하면서 더욱 양반들에게 매몰차게 대했다. 세금을 거둘 때도 상민은 사정을 봐주었지만 양반들에게는 사정을 봐주지 않았다.

결국 양반들은 아버지를 비리로 모함하여 벼슬자리에서 쫓아냈다.

김구는 가난한 집안이었지만, 어릴 때부터 과거를 보기 위해 공부를 하고 싶었다. 그러나 당시 상황으로 동네에 김구가 다닐 수 있는 서당이 없었으며, 양반 동네에 있는 서당에서는 상민인 김구를 받아주지 않았다.

아버지는 아들이 공부를 시작하겠다고 하니 기특하게 여기고 고민 끝에 결정을 내렸다.

"그럼 우리집에 서당을 만들어서 훈장을 모셔 보자."

김구는 날아갈 듯이 기뻤다. 그렇게 원하던 공부를 할 수 있었기 때문이다.

아버지는 우선 사랑방에 서당을 꾸미고 아이들을 가르칠 훈장으로 이웃 동네 사는 이생원이라는 학자를 선택했다. 신분은 양반이지만 학문의 정도가 높지 않아서 다른 글방에서는 모셔가지 않았지만 인품이 좋고 겸손하신 분이었다.

김구는 아버지가 자신을 위해서는 어떤 일이라도 해줄 수 있다는 생각에 자신감이 생겼다. 그리고 열심히 공부하였다. 이후 김구의 아버지는 훈장님이 집에서 가르칠 수 없어졌을 때도 멈추지 않고 집에서 십 리나 떨어져 있는 곳의 서당에 다니게 했다. 김구는 기쁜 마음에 매일 새벽에 일찍 일어나 범 망태기를 매고 험한 산길을 십 리나 걸어 글방에 갔다. 어린 김구가 다니기에는 멀고 험난한 길이었지만 공부할 수 있다는 기쁨에 힘든 줄 모르고 열심히 다녔다. 어린 김구는 아버지로부터 자신감을 얻고 세상을 살아가는 방법을 배웠다. 어린 김구는 아버지를 위해서라도 꼭 공부를 열심히 해서 양반이 되어야겠다고 생각했다. 결국 김구는 아버지의 강인함을 보면서 영향을 받아 자신도 강인한 삶을 살게 된 것이다.

Ⅳ. 예절 바른 아이로 키우기

예절은 사람과 사람사이에 지켜져야 할 최소한의 도리이다. 그러나 예절을 사소한 것이라고 생각하기 때문에 잘 지켜지지 않기도 한다. 예전에는 너무나 당연시되었지만, 요즘에는 아이들이 예쁘다는 이유로 지키지 않아도 그냥 넘어가다 보니 예절이 무엇인지도 모르고 자라는 아이도 많다. 따라서 부모가 예절이 정확히 무엇인지에 대해서 깨닫고 자녀들을 사랑하는 만큼 예절을 올바르게 지도해야 한다.

1. 인사예절

사람 사이의 관계에서 빼놓을 수 없는 것은 인사다. 인사는 많은 예절 가운데서도 가장 기본이 되는 표현으로써, 상대방을 인정하고 존경하며 반가움을 나타내는 형식의 하나이다. 그래서 인사하는 것만을 보고 사람 됨됨이를 판단되기도 한다.

우리 아이가 여러 사람과 더불어 명랑한 생활을 보내고 즐거운 관계를 가지기 위하여 먼저 인사를 통해 존경과 친밀의 마음을 표시하는 방법을 가르쳐야 한다. 사람들이 우리 아이를 인사성 바른 아이로 인식하게 하려면 무엇보다 중요한 것은 단정한 몸가짐과 자신 있고 또박또박한 목소리로 인사하도록 지도하는 것이 중요하다.

알맞은 인사법

1) 목례

길 또는 실내나 복도에서 사람을 자주 대할 때 하는 인사법이다. 앉아 있거나 서 있을 때, 또는 걸어갈 때 바로 그 자세에서 상체를 굽히지 않고 눈으로 예를 표하며 가볍게 머리만 숙이면서 부드러운 표정을 짓는다. 경우에 따라서 윗사람에게는 일어서서 목례로써 경의를 표하는 수도 있다. 또 자신과는 직접 관계가 없는 방문객이 돌아가려고 할 때, 앉은 자세 그대로 방문객의 인사에 응답하는 인사법이기도 하다.

2) 가벼운 인사

가볍게 고개를 숙이는 정도로 예를 표하는 인사이다. 그러나 고개만 꾸벅하는 것은 올바른 방법이 아니며, 상대방에게 오히려 실례가 된다. 상대방의 눈을 보면서 15도 정도 머리와 상체를 가볍게 숙이고 1초 정도 예를 표한다. 아침에 복도에서 윗사람이나 친구들과 마주쳤을 때 "안녕하세요?"하고 인사말을 하면서 하는 인사가 여기에 속한다.

3) 보통 인사

우리의 일상생활에서 가장 많이 행하는 가장 일반적인 인사법이다. 보통 윗사람이나 손님에게 한다. 상체를 30도 정도 숙여 그 자세를 2~3초 정도 유지한 후 고개를 든다. 남자는 팔과 손을 몸 쪽에 붙이고 하며, 여자는 앞으로 두 손을 모으면서 몸을 숙인다. 윗사람에게 인사할 때에는 2~5m 가량 앞에서 해야 하며, 너무 바싹 다가서는 것은 가는 길을 방해하는 경우도 있어 좋지 못하다. 인사할 때 숙인 상체는 상대방이 답례를 하고 난 뒤에 한 호흡 정도의 간격을 두고 천천히 일으킨다.

4) 정중한 인사

정중한 인사는 두 손을 앞 또는 몸 쪽에 가지런히 모으고 상체를 45도 가량 깊숙이 숙여서 하는 인사법이다. 윗사람이나 중요한 손님에게, 의식 등에서 하는 인사이다.

5) 화장실에서의 인사

화장실에서는 가볍게 목례만 하는 것이 예의바른 인사행동이다.

가벼운 인사　　보통의 인사　　정중한 인사

상황에 맞는 인사

상황	인사의 종류	인사 방법
길에서 어른들을 만났을 때 하는 인사	안녕하세요?	보통의 인사
학교에서 친구를 만났을 때의 인사	안녕?	가볍게 손을 흔들며
처음 만났을 때 하는 인사	만나뵙게 돼서 반갑습니다.	가벼운 인사
친한 친구와 오랜만에 만났을 때 하는 인사	반가워	가벼운 인사
부모님께 아침에 일어나 하는 인사	안녕히 주무셨어요? 또는 안녕하세요?	보통의 인사
부모가 잠자리에 들 때 하는 인사	안녕히 주무세요.	보통의 인사

학교에서 선생님을 만났을 때 하는 인사	안녕하세요?	가벼운 인사
식사하기 전에 하는 인사	잘 먹겠습니다. 감사히 먹겠습니다.	가벼운 인사
잔치 집에 가서 하는 인사	축하드립니다.	가벼운 인사
식사하기 전에 하는 인사	잘 먹겠습니다. 감사히 먹겠습니다.	가벼운 인사
부모님이 외출하실 때 하는 인사	안녕히 다녀오십시오.	가벼운 인사
부모님이 외출하고 돌아오셨을 때 하는 인사	안녕히 다녀오셨습니까?	가벼운 인사
집을 나설 때 하는 인사	○○에 다녀오겠습니다.	가벼운 인사
집에 들어갈 때 하는 인사	○○에 다녀왔습니다.	가벼운 인사

주의해야 할 인사표현

1) 고마워요와 고맙습니다.

상대방과 친밀한 관계면 '고마워요.'라고 해도 상관없지만 윗사람에게 함부로 쓰면 어색한 표현이 될 수 있다. 윗사람에게 사용할 때는 '고맙습니다.'라는 표현이 맞다.

2) 수고하세요.

'수고하세요.'는 윗사람이 아랫사람에게 쓸 수 있는 말로 더욱 애쓰라는 명령형 형태의 말이므로 가능하면 쓰지 않는 것이 좋다. 꼭 써야 할 경우 윗사람에게는 '정말 수고하셨습니다.'와 같이 표현해야 한다. 그리고 현재 애쓰고 있는 사람에게 '수고하시는군요.', '애쓰시네요.'와 같이 표현해야 한다.

[활동지] 인사활동 점검표 작성하기

본 활동지는 아이들이 알고 있는 인사 방법을 얼마나 실천하고 있는지를 점검하기 위한 활동이다. 이를 통해서 학생들은 가정과 학교에서 효행을 알고 이를 실천할 수 있도록 지도한다.

인사활동 점검표는 매일, 주 단위, 월 단위 등 형편과 효율성에 맞도록 자기 평가 빈도를 정하게 한다. 매일 평가는 정규 교과지도가 끝나고 귀가하기 전에 실시하고 주단위나 월 단위 평가는 고정된 요일, 날짜에 실시한다.

인사활동 점검표

♣ 잘 실천한 날에는 ○, 그렇지 못한 날에는 ×로 나의 인사예절 실천을 표시해보세요.

월	일	실천내용				
		등·하교 시 부모님께 인사한다.	식사 시, 알맞은 예절로 인사한다.	자기 전 부모님께 인사한다.	선생님을 만나면 상황에 알맞게 인사한다.	친구를 만나면 인사한다.
반성						

월	일	실 천 내 용				
		등·하교 시 부모님께 인사한다.	식사 시, 알맞은 예절로 인사한다.	자기 전 부모님께 인사한다.	선생님을 만나면 상황에 알맞게 인사한다.	친구를 만나면 인사한다.
반성						

월	일	실 천 내 용				
		등·하교 시 부모님께 인사한다.	식사 시, 알맞은 예절로 인사한다.	자기 전 부모님께 인사한다.	선생님을 만나면 상황에 알맞게 인사한다.	친구를 만나면 인사한다.
반성						

2. 절 예절

절의 종류

절의 종류에는 큰절, 평절, 반절이 있다. 남자의 절을 각각 계수배(稽首拜), 돈수배(頓首拜), 공수배(控首拜)라고 하며, 여자의 절은 숙배(肅拜), 평배(平拜), 반배(半拜)라고 한다.

1) 큰절을 하는 경우

큰절은 자신이 절을 했을 때 답배하지 않아도 되는 높은 어른에게 하는 절이다. 또한 관·혼·상·제 등의 의식행사에도 큰절을 한다. 큰절을 하는 대상은 직계존속, 배우자의 직계존속, 8촌 이내의 방계존속이다. 직계존속이란 부모, 조부모, 외조부모 등이고, 배우자의 직계존속은 아내의 부모, 조부모, 외조부모 등이다. 방계존속은 백숙부모, 종조부모 등 부모와 항렬이 같거나 높은 가까운 친척을 말한다.

2) 평절을 하는 경우

자신이 절을 하면 답배 또는 평절로 맞절을 해야 하는 웃어른이나 같은 또래 사이에 한다. 즉, 선생님, 연장자, 상급자, 배우자, 형님, 누님, 형수, 시숙, 시누이, 올케, 친구 사이에 하는 절이다. 친족이 아닌 경우 나이 차가 15년 이내라면 평절로 맞절한다. 예를 들어 선생님을 비롯한 어른을 뵈었을 때 평절을 하면 어른이 답절을 하며, 부부간에 결혼할 때, 세배할 때 형제간에는 서로 평절로 맞절을 한다.

3) 반절을 하는 경우

반절은 웃어른이 아랫사람의 절에 대해 답배할 때 하는 절이다. 대상은 제자, 친구의 자녀나 자녀의 친구, 남녀 동생, 8촌 이내의 나이차 10년 이내 연장비속(방계비속, 조카 등 항렬이 낮은 친척), 친족이 아닌 16년 이상의 연하자 등이다. 평절을 받을 관계에서 아랫사람이 성년이 아니면 말로 인사를 대신하는 수도 있으나, 성년이면 반드시 답배를 해야 된다. 예를 들어, 친구의 성년인 자녀가 찾아와 절을 한다면 답배로 반배를 하는 것이 예절이다.

절하는 방법

1) 남자의 큰절

① 공수(남자는 왼손이 위로가게 포개 잡는 것)하고 어른을 향해 선다.

② 공수한 손을 눈높이까지 올렸다가 내리면서 허리를 굽혀 공수한 손을 바닥에 짚는다.

③ 왼쪽 무릎을 먼저 꿇고 오른쪽 무릎을 꿇어 엉덩이를 깊이 내려앉는다.

④ 팔꿈치를 바닥에 붙이며 이마를 공수한 손등 가까이에 댄다. 이 때 엉덩이가 들리면 안 된다.

⑤ 공손함이 드러나도록 잠시 머물러 있다가 머리를 들며 팔꿈치를 펴고, 오른쪽 무릎을 세워 공수한 손을 바닥에서 떼어 오른쪽 무릎 위를 짚고 일어난다.

⑥ 공수한 손을 눈높이까지 올렸다가 내린 후 목례한다.

2) 남자의 평절

큰절과 같은 동작이나 손을 눈높이로 올리지 않으며, 이마가 손 등에 닿으면 금방 일어나는 차이가 있다.

3) 남자의 반절

공수한 손을 바닥에 짚고 무릎 꿇은 자세에서 머리와 엉덩이까지 등이 수평이 되게 엎드렸다가 일어난다.

남자의 큰절과 평절

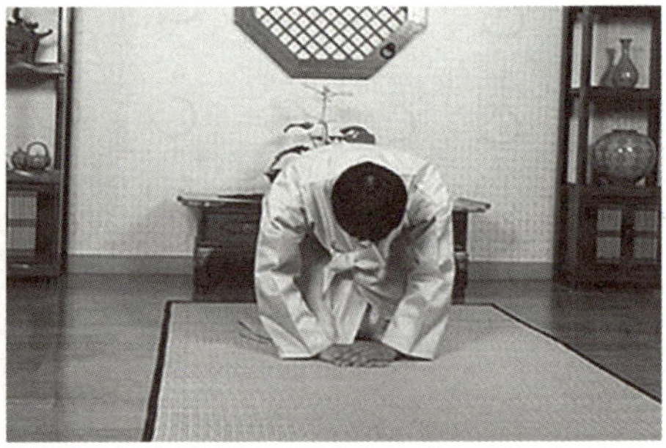

남자의 반절

4) 여자의 큰절

① 공수한 손(여자는 오른손이 위로 가게 포개 잡는 것)을 들어 어깨 높이 만큼 올리고 시선은 손등을 본다.

② 왼쪽 무릎을 먼저 꿇고 오른쪽 무릎을 가지런히 꿇은 다음 엉덩이를 깊이 내려앉는다.

③ 윗몸을 45° 쯤 앞으로 굽힌 다음 잠시 머물러 있다가 윗몸을 일으킨다. 머리를 깊이 숙이지 못하는 이유는 머리 장식 때문이다.

④ 오른쪽 무릎을 먼저 세우고 일어나 두 발을 모은 후 올렸던 두 손을 내려 공수한 후 가볍게 묵례한다.

5) 여자의 평절

① 공수한 손을 풀어 내린 다음 왼쪽 무릎을 먼저 꿇고 오른쪽 무릎을 가지런히 꿇은 다음 엉덩이를 깊이 내려앉는다.
② 몸을 앞으로 30° 도 정도 숙이면서 손끝을 무릎 선과 나란히 바닥에 댄다.
③ 잠깐 머물렀다가 윗몸을 일으키며 두 손바닥을 바닥에서 떼며 오른쪽 무릎을 먼저 세우고 일어난다.
④ 두 발을 모으고 공수한 다음 가볍게 묵례한다.

6) 여자의 반절

평절을 약식으로 한다. 답배의 대상이 나이가 많이 차이나면 남녀 모두 앉은 채로 한 손 또는 양손을 바닥을 짚는 것으로 답배한다.

여자의 큰절

여자의 반절

평절에 대해 반절로 답배를 하는 모습

3. 손님 초대와 방문 예절

손님을 초대하거나 방문할 때는 예의를 갖추어야 한다. 예의를 갖추지 않게 되면 상대방이 싫어하거나 불쾌해할 수 있다는 것을 아이들에게 지도해야 한다. 초대와 방문예절을 보면 다음과 같다.

초대 예절

1) 집안 청소를 깨끗이 하고 손님을 맞이할 준비를 한다.
2) 손님이 오시면 "어서 오십시오." 하고 친절하게 맞아 안으로 모신다.
3) 방 안에 손님을 모셨을 때에는 방석을 내다 드리고, 알맞은 인사를 한다.
4) 손님이 가지고 온 소지품을 정중히 받아서 잘 보이는 곳에 보관해 두었다가 가실 때 내어 드린다.
5) 손님의 신발은 신기에 편하도록 신발 앞쪽이 현관 밖을 향하도록 정리한다.

6) 오래 기다려야 할 경우에는 신문이나 잡지를 갖다 드린다.
7) 묻는 말에 친절히 대답하고, 어른들과 이야기할 때에는 끼어들지 않는다.
8) 손님이 가실 때에는 현관이나 대문까지 나가서 인사드린다.
9) 노인이나 어린이는 차 타는 곳이나 편한 길까지 배웅한다.

방문 예절

1) 남의 집을 방문할 때는 미리 연락을 하고, 식사 시간은 피한다.
2) 방문 약속을 하였으면 그 약속 시간은 꼭 지킨다.
3) 어른께는 공손히 인사를 드린 후 방문 목적에 맞게 행동한다.
4) 주인 허락없이 이방 저방 기웃거리거나, 물건을 만지지 않는다.
5) 음식은 주인이 권할 때 "잘 먹겠습니다." 하고 먹는다.
6) 방문 목적을 마치면 꼭 인사드리고 돌아온다.

손님을 접대할 때의 예절

1) 차는 손님에게 여쭈어 보고 기호에 맞게 타 드린다.
2) 찻숟가락은 손님의 오른쪽 방향의 찻잔 앞에 놓는다.
3) 주스나 음료수를 대접할 때에는 컵받침 접시를 사용한다.
4) 과일은 잘 깎아서, 먹기 좋은 크기로 보기 좋게 썰어서 접시에 담아낸다.
5) 과일 포크나 과일 꽂이는 넉넉하게 담아낸다.
6) 음식을 내갈 때에는 쟁반에 받쳐서 내간다.

선물을 주고 받는 예절

1) 남에게 물건을 보내는 것은 감사의 마음을 나타내는 방법이므로 정성스러운 마음으로 준비한다.

2) 선물을 줄 때의 말씨에도 정성을 담아야 한다.

-"◯◯야, 생일 축하해!"

3) 받은 선물은 바로 열어 보며 감사의 인사를 꼭 해야 한다.

-"어머 예뻐라. ◯◯야, 고마워!"

-"◯◯야, 이렇게 좋은 선물을 줘서 고마워!"

4) 웃어른이 주시는 선물은 일어서서 공손하게 두 손으로 받는다.

-"감사합니다. 아껴서 잘 쓰겠습니다."

4. 전화 예절

전화는 꼭 필요한 기기가 되었다. 그런데 전화는 상대방의 얼굴을 직접 보지 못하고 대화하기 때문에 예절을 지키는 데 있어 자칫 소홀하기 쉽다. 전화는 음성에만 의존하기 때문에 약간의 퉁명스러움은 곧 불친절로 느껴지게 된다.

전화를 거는 방법이나 받는 태도로 인하여 기분을 상하게 하는 것은 자신에 대한 선입견이나 평가를 나쁘게 할 수 있다. 따라서 보이지 않더라도 예절을 표현한다면 상대방은 기분이 좋아지게 된다. 좋은 응대를 하기 위해서는 자세를 바르게 하고, 상대방과 대면하고 있는 듯이 이야기하는 것이 중요하다. 전화 예절을 배워서 실천하는 것은 좋은 인간관계를 맺는 데 도움이 된다.

전화를 거는 예절

1) 상대의 전화번호를 확인한다.
2) 용건을 미리 정리해 짧은 통화가 되도록 한다.
3) 감정을 안정시키고 표정을 부드럽게 하며 호흡을 가다듬는다.
4) 통화 중 신호가 들리거나, 5회 이상 신호가 가도 받지 않으면 2~3분 후에 다시 건다.
5) 상대가 전화를 받으면 정확하게 접속되었는지 상대를 확인한다.
6) 상대가 확인되면 자기 소개를 한다.
7) 다른 사람이 받았으면 정중하게 바꿔주기를 청한다.
   "철수 친구 ○○○인데 철수 좀 바꾸어 주시겠습니까?"
8) 상대가 없으면 받은 사람에게 전해줄 수 있는가를 정중하게 묻고 용건을 말한다.
   "그럼 내일 만나자고 전해주실 수 있습니까?"
9) 용건이 끝나면 정중하게 인사하고 전화를 끊겠다고 예고한 다음 끊는다.
10) 전화가 잘못 걸렸으면 정중하게 사과한다.

전화를 받는 예절

1) 전화신호가 울리면 호흡을 가다듬고 평온한 감정으로 전화기 옆에

바른 자세로 임한다.

2) 전화신호가 두 번 울리면 전화를 받으며 먼저 "전화 받았습니다."라고 대답한다.
3) 전화를 건 사람이 확인되면 먼저 인사부터 한다.
4) 다른 사람을 찾으면 친절하게 기다리게 하고 바꾼다.

   "네 연결해 드리겠습니다. 혹시 끊어지면 123번으로 하시면 됩니다. 잠시만 기다려 주십시오."
5) 받을 사람이 없으면 그 사실을 친절히 말하고, 대신 받아도 되겠느냐고 정중하게 묻는다.

   "잠시 외출해서 지금 안 계십니다. 성함이랑 연락처 남겨주시면 전해 드리겠습니다."
6) 남에게 온 전화일 때는 통화내용을 누가 언제 무슨 일로 전화했다고 기록해 전한다.
7) 통화가 끝나면 정중하게 인사한다.
8) 전화를 건 사람이 먼저 끊은 다음에 수화기를 내려놓는다.

5. 관람 예절

아이들이 학교를 다닐 때는 방문하는 기관이 많다. 도서관, 체험관, 문화센터, 놀이공원 등 다양한 공공장소를 방문했을 때는 기관에 따라 지켜야 할 예절을 지도해야 한다.

관람 전에 지켜야 할 예절

- 차례로 줄서기
- 떠들지 않기
- 차례로 입장하여 지정석에 앉기
- 시설물에 함부로 손대지 않기

관람 중에 지켜야 할 예절

- 떠들지 않기
- 다른 사람에게 방해 주지 않기
- 무대에 올라가거나 경기장에 들어가지 않기
- 쓰레기 함부로 버리지 않기

관람 후에 지켜야 할 예절

- 쓰레기 줍기
- 줄을 서서 차례로 퇴장하기

실제 관람 활동을 통하여 관람 예절을 익히기

- 가까운 문화 행사장을 찾아 실제로 관람 예절 익히기

6. 악수 예절

악수(握手)는 두 사람이 손을 맞잡고, 이후 맞잡은 손을 위아래로 흔드는 의식적인 행위이다. 대개는 만날 때, 헤어질 때, 축하할 때, 합의를 이끌어냈을 때 행해진다. 악수는 원래 서양의 에티켓으로, 선의를 보이기 위한 것이며, 과거 중세시대에 기사가 무기를 손에 쥐고 있지 않다는 것을 보이기 위해 행하기 시작했을 것으로 짐작된다.

악수의 기본동작

오른쪽 팔꿈치를 직각으로 굽혀 손을 자기 몸 중앙이 되게 수평으로 올리며, 네 손가락은 가지런히 펴고 엄지는 벌려서 그와 같이 한 상대의 오른쪽 손을 살며시 쥐었다가 놓는다. 허리를 구부리거나, 머리를 숙이지 않고 바른 자세로 손을 흔드는 것이 바른 예절이다.

때로는 가볍게 아래위로 몇 번 흔들어 정을 두텁게 하기도 한다. 상대가 아프게 느낄 정도로 힘주어 쥐어도 안 되고 지나치게 흔들어 몸이 흔들려도 안 된다.

악수(握手)하는 방법

1) 웃어른이 먼저 청해야 아랫사람이 악수할 수 있다.
2) 남녀 간의 악수도 상하의 구별이 있을 때는 웃어른이 먼저 청해야 한다.
3) 같은 또래의 남녀 간에는 여자가 먼저 청해야 한다.
4) 동성 간의 비슷한 또래의 악수도 연장자가 먼저 청해야 한다.

5) 상황에 따라 아랫사람이 먼저 악수를 청하는 경우에는, 허리를 약간 굽혀 경의를 표하는 것이 좋다. 하지만 악수는 윗사람이 먼저 청할 때 하는 것이 예의바른 행동이다.
6) 악수를 하면서 왼손으로 상대의 손등을 덮어 쥐는 것은 좋지 않다. 그러나 어른이 아랫사람에게 그렇게 하는 것은 깊은 정의의 표시로 이해된다.
7) 네 손가락은 가지런히 펴고 엄지는 벌려서 상대의 오른손을 살며시 쥐었다가 놓는다.
8) 아주 가까운 사이에는 가볍게 아래위로 몇 번 흔들어 정을 두텁게 하기도 한다.
9) 손을 내밀되 잡지도 않고 슬며시 손만 내미는 듯한 악수를 하는 것은 안 된다.
10) 악수를 하면서 상대의 눈을 보지 않고 딴전을 피우는 것은 좋지 않다.

7. 식사 예절

요즈음 학교 급식을 시행하고 있기 때문에 학교에서 학생들은 전체적으로 점심을 먹는다. 모든 학생이 같은 시간에 같은 종류의 음식을 먹게 된다. 따라서 집에서 먹는 것과 달리 식사 중에 지켜야 할 예절이 있다. 또한 배식할 때 먹을 수 있는 만큼만 가져가 음식을 버리지 않는 절약정신을 가르치는 것도 중요하다. 식사 예절은 학교에서뿐만이 아니라 집에서도 중요한 기본예절이기 때문에 습관화하는 것이 좋다. 더욱이 학생들의 식습관은 성장기 건강에 지대한 영향을 미치므로 식사 예절과 습관을 길들이는 것은 매우 중요하다.

식사 예절

1) 영양을 고르게 섭취하기 위해 골고루 먹어야 한다.
2) 조용히 식사한다.
3) 조용히 식당에 들어가 식탁에 앉는다.
4) 식사 중 돌아다니지 않는다.
5) 음식을 씹을 때 소리 내지 않는다.
6) 그릇을 손에 들고 먹지 않는다.
7) 음식을 입에 넣고 말하지 않는다.

젓가락질하는 방법

1) 젓가락 한 개는 엄지의 안쪽과 네 번째 손가락에 닿게 잡는다.
2) 또 다른 젓가락 하나는 검지와 중지 사이에 끼고 엄지로 눌러 잡는다.
3) 검지와 중지 사이에 끼고 엄지로 눌러 젓가락을 움직인다.
4) 엄지에 가볍게 댄 채로 검지와 중지만을 사용해서 자유롭게 움직일 수 있도록 연습한다.

8. 효도 예절

효도는 부모를 봉양하고 섬기는 일을 말한다. 효도는 유교 덕목의 하나로 효경에서는 인간행위의 가장 중요한 덕목으로 삼는다. 효를 맨 처음 덕목으로 삼은 것은 공자이며, 효는 인간의 모든 가치와 행위의 근원이라고 믿어왔다.

부모에게 효도하는 이유로서 두 가지를 들 수 있다. 첫째는 부모가 나를 낳아주신 은혜 때문이고 둘째는 부모가 나를 길러주신 은혜 때문이다. 자녀는 부모의 은혜를 갚기 위해여 정성을 다하고 부모를 공경해야 한다. 대다수의 부모들은 자기들의 개인적 안락과 편의, 만년의 생활안정을 위한 자원을 희생하면서까지 자녀들의 양육을 위해서 대가를 바람 없이 바쳤기 때문이다.

효도의 실천 방법

효를 생활화하기 위해서는 작은 행동에서 시작됨을 일깨우고 구체적이며 계속적인 행동화에 주력해야 한다. 따라서 구체적인 활동 과제를 설정하여 실천하게 함으로써 부모를 공경하고 어른을 모시는 태도가 몸에 배이도록 하는 것이 좋다. 따라서 일방적인 주입 일변도의 방식을 탈피하여 행동으로 실천하게 하며, 실천은 먼 곳에서보다는 자기 부모를 잘 모시는 것부터 출발하도록 해야 한다.

효를 실천하기 위해서는 부모님이 베푸신 은혜에 대해서 고마운 생각을 가지고 구체적으로 부모님을 모시는 방법에 대하여 지도해야 한다.

번호	실천할 내용	실 천 방 법
1	부모님께 거짓말하지 않기	- 학교에서 있었던 일 말씀드리기 - 친구 또는 다른 사람과 있었던 일 말씀드리기 - 잘 모르는 것 부모님과 의논하기 - 한 번이라도 부모님을 속이면 그 죄는 산과 같으므로 항상 정직하고 솔직하게 대화한다.
2	부모님 뜻 섬기며 따르기	- 부모님께서 말씀하실 때 : 공손한 태도로 듣는다. "○○○ 잘 알겠습니다." - 부모님께서 무엇을 시킬 때 : 즐거운 마음으로 실천한다. "○○은 언제 하겠습니다." - 부모님이 꾸중하실 때 : 잘못을 반성하고 뉘우친다. "○○을 잘못했습니다. 앞으로 주의하겠습니다" - "○○와 ○○에서 ○○하다가 왔습니다." - 항상 부모님을 존경하는 마음과 태도를 가지고 존댓말을 써야 하며 몸가짐을 바르게 갖는다.
3	부모님 건강 살펴 드리기	- 부모님께서 피곤해하실 때-안마를 해드리거나 주물러 드린다. - 부모님이 편찮으실 때-편찮으신 곳을 잘 알아서 알맞게 간호해 드린다. - 부모님께서 걱정이 있으실 때-걱정이 되시는 내용을 알아서 위로해 드린다.
4	부모님을 즐겁게 해 드리기	- 발을 씻겨 드리거나 손톱, 발톱을 깎아 드린다. - 생신, 회갑, 결혼기념일 등에는 정성껏 축하해 드린다. - 오랜 시간 외출할 때나 여행할 때는 전화나 편지를 드린다.
5	잠자리 보살펴 드리기	- 잠자리 들기 전-이부자리를 깔아 드린다. - 잠자리에서 일어나신 후—이부자리를 정리해 드린다. - 잠자리를 보살필 때에는 TV, 전등, 난방 온도 등도 함께 보살핀다.
6	형제간에 우애있게 지내기	- 형제간에는 항상 욕심을 버리고 서로 이해하면서 우애있게 지낸다.

[활동지] 효행 점검표 작성하기

본 활동지는 아이들이 효행 점검표를 작성함으로써 자기가 실천한 효행 생활을 되돌아봄으로써 효도를 실천하기 위한 활동이다. 이를 통해서 학생들은 가정과 학교에서 효행을 알고 이를 실천할 수 있도록 지도한다.

효행 점검표는 매일, 주 단위, 월 단위 등 형편과 효율성에 맞도록 자기 평가 빈도를 정하게 한다. 매일 평가는 정규 교과지도가 끝나고 귀가하기 전에 실시하고 주 단위나 월 단위 평가는 고정된 요일, 날짜에 실시한다.

효행 점검표

덕목	주요 실천사항	자기평가				
		1	2	3	4	5
인사	부모님께 아침저녁 인사를 하였는가?					
	부모님께 식사 때 인사는 잘 하였는가?					
	부모님께 집을 나갈 때와 들어올 때 인사는 잘하였는가?					
효도	부모님께서 시키시는 일을 기쁨으로 잘하였는가?					
	공부는 스스로 하였는가?					
	나 때문에 부모님께서 걱정을 하시지 않았는가?					
	부모님께 항상 존댓말을 사용하였는가?					
형제우애	형제자매간에 사이좋게 잘 지냈는가?					
	형제자매간에 서로 양보하는 생활을 하였는가?					

나의 뿌리 찾기	가훈을 암기하고 잘 실천하였는가?					
	상의 내력을 알고 있는가?					
경로정신	웃어른이 무엇을 주시면 감사하는 마음으로 받았는가?					
	웃어른이 먼저 음식을 드실 때까지 기다리고 있었는가?					
	어른을 보면 공손히 인사를 하였는가?					

친족 찾기

다음의 표는 아이들이 평상시에 관심을 가지지 않은 자신의 성과 본, 파, 시조, 조상 중 훌륭한 분에 대해서 진지하게 알아보고 작성하는 활동이다. 그리고 자신의 친척들이 어디까지 있는지를 친척 관계표에 표시하고 관계를 설명할 수 있도록 지도한다.

나의 뿌리를 찾아서

♦ 우리 집 뿌리

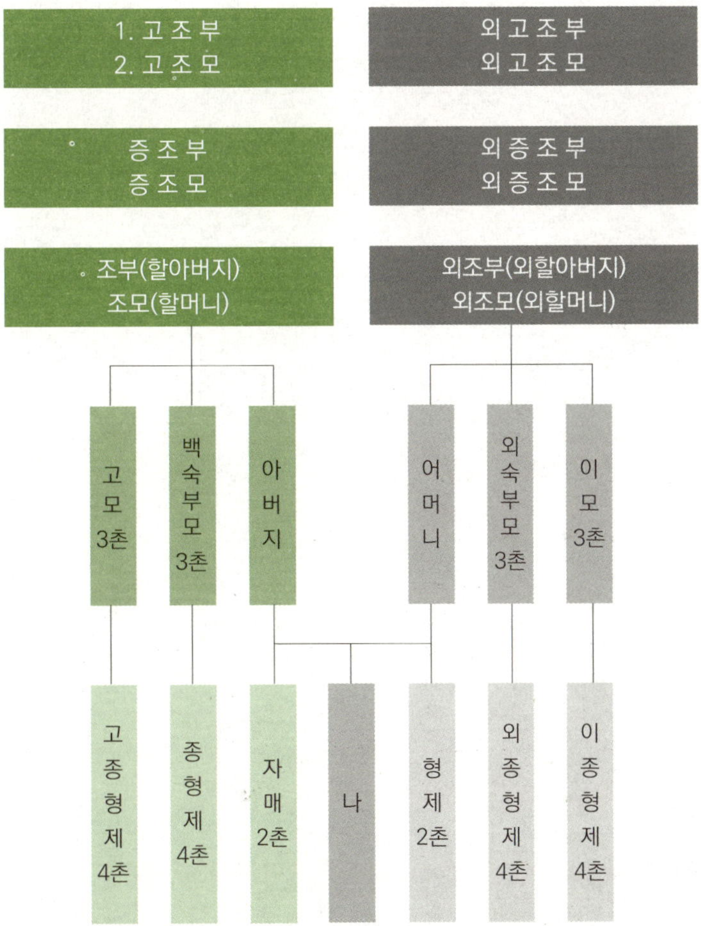

성(姓)	본관	파	조상 훌륭한 분

Ⅴ. 우리 아이 기본생활습관 정착시키기

기본생활습관은 학생들이 기본생활과 안전생활을 습관화하여 건강하고 안전한 생활습관을 기르고 민주시민으로서의 기본소양을 기르는 데 그 목적이 있다. 따라서 기본생활습관 교육을 통해서 학생들에게 규칙적인 생활습관, 정리정돈, 청결, 위생, 물자절약 같은 습관이 지속적으로 정착하도록 지도한다.

1. 시간관리 잘하기

성공하고자 하는 사람들은 평소에도 시간관리를 열심히 하는 사람들이다. 지금까지 공부를 잘한 학생들을 봐도 결국은 시간 관리에서 성공한 학생들이 대부분이다. 그들은 시간의 중요성을 깨닫고 많은 시간을 일이나 공부에 투여함으로 인하여 성공하였고, 나아가 효율적인 시간 관리를 깨닫게 되면서 성공은 굳어지게 된 것이다. 시간관리 전략이란 자신에게 주어진 시간들을 면밀히 분석하여 쓸모없는 곳에 시간을 낭비하지 않았으며, 기존의 시간 사용습관에 대하여서도 최소한의 시간에 최대한의 효과를 보기 위하여 최대한 노력한다. 또한 아무리 바빠도 자투리 시간을 모아서 자신의 성공을 향하여 노력하였다.

시간이란 한번 지나면 다시는 돌아오지 않는 것이므로 항상 신중히 생각하여 행동해야 한다. 우리는 시간의 중요성에 대한 말들을 주변에서도 흔히 접할 수 있다. 그 대표적인 예로, "시간은 금이다.", "하루 5분이면 인생이 바뀐다.", "하루하루를 우리의 마지막 날인 듯이 보내야 한다.", "세월은 화살과 같이 지나간다." 등 하루하루를 의미 있게 보내라는 뜻이 대부분이다.

이처럼 시간이 소중한 것은 분명 시간이 우리 인생 중에서 가장 가치 있는 자산 중의 하나이기 때문이다. 이렇게 소중한 자산인 시간을 최대로 활용하기 위해 시간관리를 잘 해야 한다.

시간 사용 계획 세우기

오래된 속담이지만 좋은 문구가 있다. "어느 누구나 실패하기 위해 계획을 세우진 않지만, 실패하는 사람들은 단지 계획을 세우는 데 실패하기 때문이다." 결국 계획을 세우지 않기 때문에 실패한다는 것을 의미한다. 따라서 시간 관리를 잘하기 위해서는 시간 사용 계획을 잘해야만 한다는 것이다. 일을 계획적으로 실천하기 위해서는 시간 사용 계획을 확실히 세우는 것이 무엇보다 중요하다.

일 년 시간 사용 계획표는 새로운 한 해를 시작하는 데 매우 유용한 도구다. 시작할 때 무슨 일에 집중해야 하는지를 결정할 수 있게 해주기 때문이다. 새해가 시작되면서 결심을 했지만 어디서부터 손대야 할지 몰라 막막하던 기분을 떨쳐버리게 해줄 것이다. 일 년이 너무 길다면 한 달, 한 달이 길다면 일주일, 일주일이 길다면 하루의 시간 사용 계획표를 만들어 보자. 그러면 하루가 다르게 보인다. 당신의 성공의 정의가 무엇이든 간에 당신을 성공하도록 할 것이다.

[활동지] 나의 시간관리습관은?

본 활동지는 학생들의 기본생활습관을 형성하기 위하여 시간을 어떻게 사용하는지를 깨닫게 하기 위한 활동이다. 학생들은 이 활동을 통해서 자신의 시간사용습관을 점검하면서 앞으로 어떻게 시간을 사용하면 좋은지 작성하도록 지도한다.

나의 시간관리습관은?

-시간 활용을 10배 늘려주는 마법사-

2 급하지만 중요하지 않은 일	중요하고도 급한 일 1
4 급하지도 중요하지도 않은 일	중요하지만 급하지 않은 일 3

나의 시간 활용 상황 점검	
잘하고 있는 점	고쳐야 할 점

나의 시간 도둑	
내부 요인	외부 요인

2. 정리정돈 잘하기

뉴 햄프셔 대학에서 연구원으로 있는 택케트 박사는 현대인의 스트레스를 연구하던 중 일상에서 반복되는 정리정돈으로 인한 심리적 부담감이 스트레스로 연결된다는 점을 착안하여 '정리형 인간'이라는 책을 썼다. 이 책에서는 정리형 인간이 되면 쫓기는 인생에서 탈출할 수 있을 뿐만 아니라 집중력과, 안정되고 여유 있는 생활이 바로 정리정돈의 생활습관에서 나온다고 하였다.

실제로 똑같은 작업을 가지고 깨끗한 곳에서 일한 사람들과 지저분한 사람들의 생산량을 비교해보았더니 깨끗한 곳에서 일한 사람들의 생산성이 1.5배 가량 높았다고 한다. 처음에는 주변정리를 하지 않기 때문에 주변정리를 하면서 공부하는 사람들보다는 빠르게 시작할 수는 있지만, 공부가 시작되면 지저분한 곳에서 공부하는 사람들은 계속 주변 환경에 시선이 가게 되고, 뭔가 마음이 편하지 않기 때문에 공부에 몰두하기가 어렵다고 한다.

후자처럼 말을 하는 사람들도 그렇다. 아무리 지저분한 곳에서 공부해도 자기가 필요한 자료가 어디에 있는지를 정확히 기억하고 있기 때문에 문제가 되지 않는다는 것은 머릿속에 그 많은 자료들이 어디에 있는지 일일이 기억해야 하기 때문에 당연히 공부에 전념하기가 쉽지 않다. 따라서 주변 정리를 하게 되면 집중력이 높아져서 공부 시간을 단축시켜 준다.

책상 위를 말끔히 치우게 한다

열정적인 에너지를 가지고 공부에 집중하고 싶고, 그로 인해 성과를 얻어야 하는 일이라면 책상 위를 말끔히 치우기부터 시작해야 한다. 그러기 위해서는 웬만한 것은 아까워하지 말고 버릴 줄 알아야 한다. 너무 오래 한곳에 두어서 눈에 익숙하긴 하지만 평소에 절대 사용되지 않는 물건들이 많다. 그것들을 버리지 못하고 쌓아두기만 한다면 그만큼 스트레스도 팍팍 쌓여가게 되어 오히려 공부에 방해가 된다.

이전에 쓰던 것은 모두 치우게 한다

새로운 발전을 꿈꾼다면 새로운 도전을 하듯, 새로운 공부를 시작하게 되면 이전의 공부에서 사용하였던 모든 것들을 정리할 필요가 있다. 정리정돈을 할 때는 꼭 사용할 물건만 남기겠다는 강한 의지와 함께 박스를 3가지 준비한다. 박스에는 쓰레기 박스, 재활용 박스, 보류 박스 등으로 이름을 붙여 놓는다.

책상 위를 정리할 때는 한꺼번에 전부 쏟아낸 다음, 정리할 물건들을 주워 박스에 담는다. 박스에 넣는 기준은 마지막으로 사용한 지 3개월이 넘은 물건이 있다면 앞으로 3개월 동안 역시 사용하지 않을 확률이 높다는 것이 정리정돈의 원칙이다. 따라서 과거 3개월 동안 쓰지 않았던 것들 중에서 버려도 될 것들은 쓰레기 박스에 넣어 버리고, 3개월이 되었어도 버리기는 아깝고 재활용이나 다른 용도로 사용할 수 있는 것이라면 재활용 박스에 넣는다. 새로운 업무에도 쓰일 수 있거나 다음에도 필요할지 모르는 것은 보류 박스에 넣어 둔다.

공부가 끝나면 바로 정리하게 한다

공부를 하면 그에 따라 여러 가지 자료가 생긴다. 교재나 참고서, 노트 등으로 책상은 온통 아수라장이 되기 쉽다. 따라서 그때그때 정리하지 않으면 금방 쌓인다. 따라서 일단 한 과목이 끝나면 다음 공부에 필요한 자료를 제외하고는 모두 정리하는 것을 습관화해야 한다.

책상의 앞면에는 책꽂이나 임시 보관처를 만들어서 일반적인 자료들은 책꽂이에 넣어두고 꼭 필요한 자료는 임시 보관처에 보관하는 것도 좋은 방법이다.

공부방은 청결하게 한다

공부방은 깨끗해야 한다. 먼지가 가득 쌓인 책상에서의 공부는 의욕과 학습능률을 떨어뜨린다. 특히 주위가 산만한 환경에서는 집중하기 힘든 만큼 공부와 관련된 물건들은 제자리에 정리정돈해 둔다.

3. 청소 잘하기

청소는 더럽거나 어지러운 것을 쓸고 닦아서 깨끗하게 하는 것을 말한다. 청소를 통해서 구석구석까지 청결하게 유지하는 것이 전염병의 발생을 방지할 뿐만 아니라, 학생들의 청결을 유지하는 습관과 태도를 조장하고, 정서의 안정도 가져오는 결과가 된다. 청소가 되지 않은 환경은 학생들의 언어나 행동을 조잡하게 하고, 청결에 대한 습관형성에 장해가 된다.

공부방 청소

공부방은 깨끗해야 한다. 먼지가 가득 쌓인 책상에서의 공부는 의욕과 학습능률을 떨어뜨린다. 특히 주위가 산만한 환경에서는 집중하기 힘든 만큼 공부와 관련된 물건들은 제자리를 정리정돈해 둔다.

〈공부방 청소 방법〉

- 책상 위는 말끔하게 청소한다.
- 책꽂이는 보기 좋게 정리한다.
- 공부방의 바닥은 깨끗하게 청소한다.
- 휴지통은 깨끗이 비운다.
- 걸레로 공부방의 구석구석을 잘 닦는다.
- 청소 용구는 정한 위치대로 정리한다.
- 공부방의 먼지를 제거한다.

교실 청소

요즘 대부분 학교에서는 학교 청결을 강조하고 학생들에게 청소하도록 하고 있다. 이처럼 학교의 환경위생은 질병예방이나 건강의 유지와 증진뿐만 아니라 학습능률의 향상을 위해서 매우 중요하다. 따라서 학교에서는 청소활동을 중시하고 학교의 청결유지에 힘씀과 동시에 학교환경 미화를 촉진하여 학생들의 정서 안정에 힘쓰지 않으면 안 된다.

최근에는 교실 청소 시 밀대나 빗자루로 청소하다가 사고가 나는 경우가 더러 있고, 책상, 의자와 같은 무거운 물건을 운반하는 행위는 위험한 작업이라고 생각하는 학부형도 많아 학교에서의 청소를 거부하려는 부모들이 늘고 있다. 학생들 입장에서도 청소는 꼭 학생이 해야 되는가 하는 의문을 갖는 학생이 늘어가고 있고, 학교를 유지하는 비용으로 누군가를 고용해야 한다고 하는 학부형도 늘고 있는 추세다. 그러나 아직까지는 학생들이 학교 청소를 하게 되어 있다. 자기가 사용하던 교실을 자신이 직접 청소하는 것은 학생들의 청결을 유지하는 태도와 습관을 형성하고, 정서의 안정도 가져온다. 그리고 학생들과 공동체 의식을 가지고 협동정신을 기를 수 있는 장점도 있기 때문에 적절한 청소지도가 필요하다.

〈학교 교실 청소 방법〉

- 칠판은 깨끗하게 지우고 지우개도 깨끗하게 청소한다.
- 화분에 물을 주고 보기 좋게 정리한다.
- 교실 바닥은 깨끗하게 청소한다.
- 휴지통은 깨끗이 비운다.
- 걸레로 교실의 구석구석을 잘 닦는다.
- 책상과 의자가 잘 정리한다.
- 청소 용구는 정한 위치대로 정리한다.
- 배식대 주변은 깨끗하게 정리한다.
- 사물함 위의 학습 결과물을 잘 정리한다.
- 복도 및 신발장을 깨끗하게 청소한다.
- 특별구역의 청소도 교실처럼 깨끗하게 청소한다.
- 모두가 협력해서 청소한다.

[활동지] 학교 청소 점검표 작성하기

본 활동지는 학생들이 학교에서 청소하면서 어떻게 해야 하는지를 알 수 있는 학교 청소 점검표를 작성하는 활동이다. 이를 통해서 학생들은 자신이 학교에서 청소할 때 어떻게 해야하는지를 알고 이를 실천할 수 있도록 지도한다.

학교 청소 점검표

년 월 일 ~ 월 일	제 학년 반					
검 사 항 목	월	화	수	목	금	토
1. 칠판은 깨끗한가?						
2. 화분에 물을 주고 보기 좋게 정리하였는가?						
3. 교실 바닥은 깨끗한가?						
4. 휴지통은 깨끗이 비웠는가?						
5. 걸레로 교실의 구석구석을 잘 닦았는가?						
6. 책상과 의자가 잘 정리되었는가?						
7. 청소 용구 정리는 잘되어 있는가?						
8. 배식대 주변은 깨끗하게 정리되었는가?						
9. 사물함 위의 학습결과물이 잘 정리되었는가?						
10. 복도 및 신발장이 깨끗한가?						
11. 특별구역의 청소는 잘 되었는가?						

12. 모두가 협력해서 청소하였는가?						
오늘의 청소 당번은						
잘함 : ○ 보통 : △ 부족함 : ×						
이번 주의 청소왕은?						
건의사항						

♣ 청소는 이렇게
- 청소 순서

♤ 창문 열기→ 바닥 쓸기→ 걸레로 구석구석 닦기→ 정리정돈하기
- 모두가 협력하여 즐거운 마음으로 청소합니다.
- 청소가 끝난 후 청소 점검표에 기록을 합니다.
- 청소 검사 후 선생님께 말씀드리고 집에 갑니다.

4. 신체 청결

우리가 몸을 깨끗이 해야 하는 이유는 몸에 병이 생기는 것을 막고, 다른 사람에게 좋은 인상을 줘야 하기 때문이다. 만약 몸이 더러우면 사람들이 피하게 되며, 자신에게 나쁜 병이 생기기도 한다. 몸을 깨끗이 하는 방법은 다음과 같다.

몸을 깨끗하게 하는 방법

- 손발을 깨끗이 한다.
- 세수는 얼굴과 목을 깨끗하게 한다.

- 목욕을 자주 한다.
- 손톱, 발톱을 자주 깎는다.

손과 발을 깨끗이 하는 방법

- 밖에서 집으로 돌아오면 손과 발을 닦는다.
- 용변을 보고 난 뒤에는 손을 닦는다.
- 비누를 이용하여 손과 발을 닦는다.

이 닦는 방법

- 하루에 세 번씩 식사 후에 이를 닦는다.
- 윗니는 아래로, 아랫니는 위로 쓸듯이 하여 3분 정도 닦는다.

[활동지] 건강한 나의 몸

본 활동지는 학생들이 건강의 중요성을 깨닫고 건강한 생활을 실천하도록 하기 위한 활동이다. 이를 통해서 학생들은 자신의 건강을 지키는 방법이 무엇인가를 찾아서 실천하도록 지도한다.

건강한 나의 몸	
몸이 아파서 병원 갔던 일	
어디가 아파서 갔나요?	
진료 후 의사 선생님 말씀	
나의 다짐	
건강한 생활을 하기 위해 지킬 일	① 아침: ② 낮: ③ 저녁:
건강한 삶을 위한 자료 모으기(사진, 기사, 그림)	

5. 공중도덕

공중도덕이란 사회의 질서를 유지하기 위하여 사람들이 지켜야 할 사회적 규범을 말한다. 따라서 공중도덕을 지키기 않으면 남에게 피해를 줄 수 있다. 학교나 밖에서 공중도덕을 잘 지키지 않으면 거리가 지저분해지거나, 사람들이 불편을 느끼거나 폐를 끼치게 되고 결국에는 싸움으로 번질 우려도 있다. 따라서 남을 배려하기 위하여 쓰레기를 함부로 버리지 않아야 하며, 옷을 단정히 입고 다닌다.

[활동지] 나의 공중도덕 지수는?

☞ 본 활동지는 학생들이 절 자키는 공중도덕과 못 지키는 공중도덕을 알아보기 위해서 작성하는 활동입니다. 학생들이 답한 것을 보고 못 지키는 공중도덕을 잘 지킬 수 있도록 지도합니다.

공중도덕 지수는?

다음 표에 잘 지키는 공중도덕과 못지키는 공중도덕을 순서대로 적고 그 이유가 무엇인지를 적으세요.

잘 지키는 공중도덕		이유는?	못 지키는 공중도덕		이유는?
1			1		
2			2		
3			3		
4			4		
5			5		

6. 질서

타인들에게 피해를 주지 않고, 학생들의 안전을 위해서는 학생들이 교내나 교외 생활에서 질서를 지키도록 해야 한다. 학생들은 등하교 시에 인도로 걸어야 하며, 걸을 때는 우측으로 통행하도록 지도한다. 찻길을 걸널 때는 횡단보도나 육교, 지하 차도로 건너도록 한다. 버스나 지하철을 타고 내릴 때는 순서를 지켜야 하며, 자리는 노약자나 임산부에게 양보해야 한다.

항목		실천 내용
실내	출입구	• 차례를 지키며 지정된 통로를 따라 출입구를 이용한다. • 뛰거나 밀지 않고 조용히 걷는다. • 입을 다물고 바른 자세로 차례를 지킨다. • 교실에 들어갈 때 정해진 장소에서 실내화로 갈아 신는다. • 실외화의 흙을 잘 털어서 신장에 넣는다.
	복도	• 오른쪽으로 사뿐사뿐 앞 발부리로 걷는다. • 한 줄로 서서 조용히 걷는다. • 복도를 걸을 때는 남의 교실을 내다보거나 기웃거리지 않는다. • 복도에서는 장난치거나 달리지 않는다. • 환경물에 손대지 않는다. • 복도에서는 소리를 지르거나 놀이를 하지 않는다. • 실내화를 신고 걸을 때는 소리가 나지 않게 걷는다.
	교실	• 교실에서는 자연스런 걸음걸이로 천천히 걷는다. • 교실에서는 할일없이 돌아다니거나 뛰지 않는다. • 밖으로 나갈 때는 의자를 밀어 넣고 차례로 천천히 나간다. • 가급적 뒷문을 사용한다.
운동장	운동장	• 정해진 장소나 안전한 곳에서 놀이한다. • 위험한 기구를 가지고 놀지 않는다 • 위험한 놀이는 하지 않는다. • 운동기구는 안전 유무를 확인하고 사용한다. • 운동기구는 사용 방법을 알고 바르게 사용한다. • 운동기구를 사용할 때는 순서를 지킨다.

7. 절약지도

우리나라의 자원은 한정되어 있고 부족하다. 흔히 들을 수 있는 말이다. 그렇지만 막상 우리 생활 속에서 자원이 한정되어 있다는 것을 체험하기는 어렵다. 어디서나 수도꼭지를 틀면 물이 나오고, 수많은 자동차가 달리고 있으며, 어느 곳이든지 편리한 생활을 위한 모든 준비가 완료되어 있는 것처럼 보인다. 그러나 과학기술과 산업의 발달이 가져다 준 편리한 생활이 언제까지 지속될 수 있을지는 모를 일이다. 전기가 한번 끊기면 모든 것이 멈춘다. 물이 끊기면 어떤 것도 할 수 없다. 어디서나 자유롭게 쓸 수 있는 에너지 덕분에 생활하면서 자원이 부족하다는 것을 느끼기는 어렵지만, 실제로 자원은 정말 한정되어 있고, 자원의 공급처인 자연은 오염되고 있다. 아이들이 한정되어 있는 자원을 끝까지 풍요롭게 사용하고, 생활할 수 있기 위해서는 절약교육이 필요하다.

물 절약방법

1) 화장실 변기

양변기 총량은 약 13~14리터로 모래나 자갈을 채운 플라스틱 물병 또는 벽돌을 넣어도 20% 정도의 절수효과가 있다. 물감 등을 이용하여 누수를 확인할 수 있다.

2) 빨래

가정에서 사용하고 있는 세탁기는 세탁물의 양과는 관계없이 1회 사용 시 약 150~200리터 이상의 물을 소비한다. 또한 합성세제를 많이 쓰면 세탁 효과는 떨어지고 수돗물 사용량은 급격히 늘어난다.

3) 목욕

보통 10~20분 샤워 시 물 소비량은 19~38리터나 샤워시간을 5~10분 단축할 경우 10~19리터의 물이 절약된다.

4) 양치질

양치질할 때에는 칫솔에 물을 적신 후 컵을 이용하고, 면도 시는 세면기에 약간만 받아 놓고 사용한다.

5) 설거지

한 사람당 하루에 주방에 쓰는 주방용수 사용량은 45리터 정도이다.

8. 봉사활동 지도

봉사활동이란 어떤 일을 대가 없이 자발적으로 참여하여 돕는 것을 말한다. 학생들이 하는 봉사활동은 학생들이 학교 교실에서 배우는 교과학습을 바탕으로 하여, 자발적인 노력과 정성으로 도움을 필요로 하는 남과 이웃을 위하여 진정으로 봉사할 줄 아는 민주 시민을 기르는 데 참다운 목적이 있는 활동이다.

자원봉사에 임하는 사람은 다양한 형태로 보상을 얻는다. 예를 들어 보람이나 경험 등의 정신적 보상이나 교통비나 식사비, 소정의 활동비 등을 제공받는 금전적 보상이 있을 수 있다. 또한 그 밖에도 취업 또는 진학에 도움이 되는 경력을 쌓기 위한 목적에서 자원봉사를 하기도 한다.

봉사활동은 스펙을 위해서도, 혹은 개인적으로라도 봉사활동을 하는 사람들이 점점 늘어나고 있다. 봉사활동은 인성교육의 중요한 영역으로 나눔과 배려의 실천을 통해 더불어 살아가는 공동체 의식을 함양하는 데 그 목적이 있기 때문에 교육부에서는 봉사시간을 입시에 반영시키고 있다. 현재 학생봉사활동은 연간 초등학교는 10시간, 중 · 고등학교는 20시간 내외를 실시하도록 권장하고 있다.

봉사활동 활동 영역

제7차 교육과정에서 제시한 봉사활동의 영역은 일손 돕기 활동, 위문 활동, 캠페인 활동, 자선구호 활동, 환경 · 시설 보전 활동, 지도 활동, 지역사회 개발 활동 및 기타 활동으로 분류된다.

봉사활동 영역	영역별 주요 활동
일손 돕기 활동	- 복지시설 일손 돕기 - 공공기관 일손 돕기 - 병원 일손 돕기 - 농어촌 일손 돕기 - 학교 내 일손 돕기
위문 활동	- 고아원 위문 - 양로원 위문 - 군부대 위문 - 장애인 위문 - 병약자 위문
캠페인 활동	- 공공질서 확립 캠페인 - 교통 · 안전 캠페인 - 학교주변 정화 캠페인 - 환경 보전 캠페인
자선구호 활동	- 재해구호 - 불우이웃 돕기 - 국제 협력과 난민구호
환경 · 시설 보전 활동	- 깨끗한 환경 만들기 - 자연 보호 - 문화재 보호
지도 활동	- 동급생 지도 - 하급생 지도 - 복지시설 아동 지도 - 교통안전 지도
지역사회 개발 활동	- 지역사회 조사 - 지역사회 가꾸기 - 지역사회 정보화 - 지역 행사 지원
기타 활동	- 위 세부 내용으로 구별하기 어려운 활동

개인 봉사활동 계획

• 학생 개개인이 계획을 수립하여 실행하는 활동으로 학교계획에 의한 봉사활동과 다른 방법과 절차로 지도되어야 한다. 개인계획에 의한 봉사활동은 다음 과정을 거쳐 실행되는 것을 기본으로 한다.

• 승인자는 업무담당이나, 담임으로 별도 지정 가능

봉사활동 계획서 제출 → 학교장의 승인 (담임교사외의 사전 협의) → 실행 (활동) → 평가, 봉사활동 확인서제출 → 학교생활 기록부 기재

- 가정과 연계하여 가능한 한 가족 동반으로 봉사활동이 이루어질 수 있도록 지도한다.
- 봉사활동 지도와 관련하여 계획추진, 실적발급, 누가기록부 관리 등에 필요한 서식과 절차는 학교별로 실정에 맞게 창의적으로 개발하여 활용한다.
- 봉사활동에 대한 절차, 유의사항 등에 대한 사전교육을 실시한다.
- 개인계획에 의한 봉사활동은 가급적 봉사관련단체나 기관에서 실시하는 활동에 참여하도록 한다.
- 개인계획에 의한 봉사활동은 가급적 심화과정으로 활동하도록 지도한다.
- 봉사활동 확인자 및 대상 기관 연락처를 확인서에 기재를 의무화하며, 봉사활동 사건, 장소, 내용 등에 대하여 필요 시 유선으로 연락하여 확

인한다.

- 하루 중 봉사활동 인정시간은 원칙적으로 수업시간이 6교시면 2시간, 4교시면 4시간, 휴업일(공휴일)이면 8시간을 인정한다.
- 단, 하루 중 봉사활동 인정 시간을 초과했을 경우 시간이나 내용이 봉사활동의 목적에 부합될 때는 학교봉사활동추진위원회의 심의를 통해 인정할 수 있다.

봉사활동의 고등학교 및 대학 입학전형 반영 고려

- 고등학교 입학전형 시 내신 점수 반영 (봉사활동 내신 점수 20점 부여, 3개년간 60시간 기준)
- 대학 입시 전형자료 또는 점수 반영 : '08년 일부 대학에서 봉사시간 5~20점 반영(대학별 자체 계획에 의거 반영), 일부 대학에서는 자기소개서 및 심층면접 자료로 봉사활동 경험을 확인하는 질적 평가에 활용하고 있다.

[활동지] 나의 봉사활동

본 활동지는 내가 하고 있는 봉사활동을 점검해보는 활동이다. 이 활동을 통해서 학생들이 봉사활동의 중요성을 알고 활동할 수 있도록 지도한다.

나의 봉사활동	
주 제	
날 짜	년 월 일 요일 (~ : ~)
한 일	
느낀 점	

평 가 (매우 잘함 : ◎, 잘함 : ○ , 보통 : △)			
진실한 마음으로 열심히 하였나요?	나의 활동이 도움이 되었나요?	준비와 정리를 잘 하였나요?	또 하고 싶은가요?

Ⅵ. 우리 아이 안전 지도하기

안전교육이란 학교생활에서 발생하는 각종 사고를 방지할 목적으로 학생들에게 안전에 관한 지식, 기능, 태도 및 대책 등 교육을 통하여 체계적으로 습득하게 하는 교육을 말한다. 안전교육이 필요한 이유는 과학기술의 발달과 정보화 사회는 우리의 삶을 풍요롭게 해주고 있으나 과거에 비해 각종 안전사고 발생율이 높아지고 있기 때문이다. 교통사고나 화재 등은 생명을 빼앗아 가는 것은 물론이고, 경제적 손실이 막대하기 때문에 이를 예방할 수 있는 교육이 시급한 실정이다.

1. 안전교육 지도

우리나라는 사고왕국이라는 불명예스러운 이름을 가지고 있는데, 그 원인은 침착성과 인내력 부족, 공중 도덕심의 결여, 각종 시설의 안전성 미흡과 어릴 때부터 안전교육의 빈약 등이다. 이에 대한 교육이 절실하게 필요하다.

우리 생활 속에 잠재된 사고의 가능성을 찾아내고 이에 대비하는 자세가 필요하다. 특히, 초등학교 학생들은 아직 안전사고에 대한 판단력과 돌발적 사태에 대한 적응 능력이 미흡하다. 그러므로 각종 사고에 대한 재해를 방지하려면 안전시설과 방호장치를 완비하는 동시에 올바른 안전교육을 통해 안전에 관한 지식, 기능, 태도, 습관이 형성되도록 지도해야 한다.

[활동지] 사고의 원인을 찾아라

본 활동지는 학생들이 안전한 생활을 위하여 기존의 사고를 찾아서 작성하는 활동입니다. 학생들이 사고의 원인을 파악하여 안전생활을 습관화하도록 지도합니다.

사고의 원인을 찾아라

■ 신문에 보도된 사고 기사의 내용을 다음과 같이 정리해 봅시다.

헤드라인	누가	무엇을	언제	어디서	왜/어떻게

2. 물놀이 안전 지도

물놀이는 우리에게 휴식을 주고 더위를 날려주기도 하지만, 자칫하면 안전 부주의로 목숨까지 잃는 큰 사고로 이어질 수 있어 위험하다. 매년 휴가 시즌이면 물놀이 사고로 인해 많은 사상자가 발생하고 있다. 소중한 목숨을 지키기 위해 자녀들이 물놀이 갈 때 안전수칙을 꼭 지도해야 한다.

여름철 물놀이 안전수칙

1) 물에 들어가기 전에는 반드시 충분한 준비운동을 해야 한다.
   준비운동 없이 바다나 수영장에 뛰어 들면 체온보다 낮은 온도의 물이 피부에 갑자기 닿게 되어 혈관이 좁아져 심장마비를 일으킬 수 있다. 따라서 물놀이 전에는 간단한 준비운동 후에 심장에서 먼 부분인 발, 다리, 얼굴, 가슴순으로 물을 적셔가며 우리의 몸이 물에 적응할 수 있도록 해야 한다.
2) 물에 빠뜨리거나 미끄러운 바닥에서 장난을 치는 위험한 행동은 하지 말아야 한다.
3) 물놀이는 사람이 많고 안전요원이 가까이 있는 곳에서 즐기게 한다.
4) 물에 들어가기 전 수심을 미리 확인하고 들어가도록 한다.
5) 수영솜씨를 뽐내겠다고 자신의 능력을 과신해서 수심이 깊은 곳이나 위험한 곳으로 도전해서는 안 된다.
6) 몸의 컨디션이 좋지 않을 때, 공복이나 식후, 햇빛이 강한 정오부터 오후 3시 사이에는 가급적 물에 들어가지 않는 것이 좋다.

7) 1시간의 물놀이 후에는 10분 정도 휴식을 취해야 저체온증을 예방할 수 있다. 특히 몸에 소름이 돋고 입술이 파래지면 물 밖으로 나와서 몸을 따뜻하게 해 준다.
8) 잘 모르는 곳이거나 밑바닥이 보이지 않으면 다이빙을 하지 말아야 한다.
9) 깊은 곳에서는 헤엄치지 않으며 위험 표시판이 있는 곳에는 들어가지 않는다.
10) 물의 깊이가 자신의 배꼽 정도에서 물놀이를 한다.
11) 물에 들어갈 때는 잘 벗겨지지 않는 잠금장치가 있는 샌들을 신는다.

물에 빠졌을 때의 대처 방법

1) 처음에는 숨을 들이마시고 물 위로 뜬다. 이 때는 팔, 다리, 머리의 힘을 뺀다.
2) 그 다음 머리가 부분적으로 물 밖으로 나올 때, 팔을 벌리고 동시에 마치 가위질을 하듯 양다리를 젓는다.
3) 공기를 다시 마시기 위하여 양팔을 엉덩이 아래로 내리고 두 다리를 모으면서 발바닥과 발꿈치로 물을 누르듯이 치면서, 코가 물표면 위에 있을 때 눈을 뜬 상태로 숨을 들이마신다.
4) 다시 머리를 물에 담근다.
5) 물 아래에서 다시 호흡이 필요할 때까지 완전히 힘을 뺀 자세로 쉰다.

물놀이 사고가 발생했을 때의 대처방법

1) 직접 구하기 위해 물속에 들어가지 말아야 한다.

2) 가까이에 있는 긴 나뭇가지나 통나무를 물속으로 던져준다.

3) 비치 볼, 튜브, 공과 같은 물에 뜨는 물건을 던져준다.

4) 인공호흡을 시킨다.

- 구조를 해서 물 밖으로 나왔을 때의 빠른 조치도 중요하다. 물속에서 2분만 경과되어도 산소 부족으로 의식을 잃을 수 있으며, 더 오랜 시간이 지나면 뇌에 치명적인 손상을 얻을 수 있기 때문에 심폐소생술과 인공호흡을 통해 산소를 공급해야 한다.
- 가슴압박: 성인은 5~6cm, 소아는 5cm깊이로 가슴을 30회 압박한다.
- 기도개방: 머리 젖히기-턱 들어올리기 법으로 기도를 개방한다.
- 호흡 확인 및 인공호흡: 호흡 여부를 확인한 뒤, 호흡을 한다면 옆으로 누운 회복자세를 하고, 호흡이 없으면 인공호흡을 2회 실시한다.

3. 자전거 안전 지도

녹색교통수단으로서 자전거가 부각되면서, 자전거를 이용하는 학생들이 증가함에 따라 자전거 사고 비율 또한 높아지고 있다. 학생들에게 자전거 안전을 지도하여 사고를 미연에 방지하고 나아가 안전한 자전거 이용 문화를 조성해가야 한다.

자전거 탈 때의 준비물

- 자전거용 안전모를 착용한다.
- 체인이나 바퀴, 페달에 걸리는 긴 옷이나 장신구를 착용하지 않는다.
- 복장은 밝은 색상이나 형광성으로 착용하여 시계가 불량한 지역이나 야간에 쉽게 발견할 수 있게 해 준다.
- 야간에는 후미등이나 반사경을 사용한다.

자전거를 바르게 타는 요령

- 자전거를 탈 때에는 교통안전 표지와 교통신호에 따라야 한다.
- 자전거를 탈 때에는 시야가 좋은 도로의 우측 가장자리에서 후방과 전방의 안전을 확인하고 타야 한다.
- 회전 또는 방향전환 전에 안전 여부를 확인하고 되도록 신속하게 신호를 해야 한다.
- 이때 자신의 의도를 다른 도로 이용자에게 알려야 한다.
- 안장에 앉아 양손으로 핸들을 잡은 때에 상반신이 약간 앞으로 기울고 팔꿈치가 굽혀지는 것이 바른 자세이다.
- 도로상에 있는 맨홀, 하수도, 주차 차량과 같은 장애물을 사전에 살펴둠으로써 갑자기 당황하거나 주행 방향이 벗어나지 않도록 해야 한다.
- 주 · 정차 차량 주변을 통과할 때에는 충분한 거리를 두고, 자기 쪽으로 열리는 자동차 문에 주의한다.
- 자전거를 인도 위에 눕혀 놓음으로써 다른 도로 이용자에게 위험을 주거나 방해가 되는 행위를 삼가고, 주어진 주차 시설을 이용한다.

• 횡단보도를 건널 때에는 자전거에서 내려 끌고 가도록 한다.
• 신호를 보낼 때에나 기어를 변경하는 때를 제외하고는 양손은 핸들을 꼭 잡고 양발은 페달에 놓는다.
• 균형에 영향을 주거나 또는 바퀴나 체인에 감길 수 있는 물건은 싣지 않는다.

4. 교통안전 지도

청소년들의 교통사고는 성인의 사고유형과는 다른 특성이 있다. 청소년들의 교통사고는 대체로 통행량이 많은 낮 시간에 주로 집 부근에서 발생하며, 또한 보행자 사고가 대부분이고 성인에 비하여 치사율도 대단히 높다. 계절적으로는 주로 봄과 가을철에 사고가 많고, 요일별로는 주말에 사고가 많이 발생하며, 차 대 사람의 사고가 특히 많아 부모의 관심과 지도가 요구되고 있다.

교통안전 수칙

• 항상 안전한 길로 다닌다.
• 큰길에서는 횡단보도로 다닌다.
• 황단보도를 건너갈 때에는 녹색불일 때 왼쪽, 오른쪽, 다시 왼쪽을 살피고 차가 완전히 멈추었을 때 건너가고, 뛰어가지 않는다.
• 차를 기다릴 때에는 안전한 인도에 두 발자국 물러나 기다린다.

- 차는 차례차례 내리고 탄다.
- 차 안에서는 안전띠를 꼭 매고 떠들지 않는다.
- 차가 다니는 길에서는 자전거, 인라인스케이트를 타지 않는다.
- 가지고 놀던 공이 차도로 굴러가도 절대로 뛰어나가지 않는다.
- 눈, 비가 올 때나 어두울 때에는 밝은 옷을 입는다.
- 나에게 필요한 교통안전 표지는 알아둔다.

신호등이 없는 횡단보도 건너기

- 황단보도 앞에 멈춘다.
- 차량이 오는지 살핀다.
- 차가 없으면 손을 들고 건넌다.

신호등이 있는 횡단보도 건너기

- 우선 멈춰 서서 신호등이 녹색으로 바뀔 때까지 기다린다.
- 손을 들고 운전기사와 눈을 맞추며 오른쪽으로 건넌다.

라. 교통표지판 읽기

표지의 종류			표시하는 뜻	표지의 종류			표시하는 뜻
지시 표시	보행자 전 용 도 로		보행자 전용도로임을 지시	규제 표시	자전거 통 행 금 지		자전거의 통행을 금지함
	횡 단 보 도		보행자의 횡단보도 통행을 지시		일 시 정 지		자동차가 일시 정지해야 함을 알림
	아 동 보 호		아동, 유아의 보호를 지시		진 입 금 지		자동차의 진입을 금지함
	자전거 횡 단 도 로		자전거의 횡단 도로임을 지시	주의 표시	철 길 건널목		철길 건널목이 있음을 알리는 것
	자전거 전 용 도 로		자전거 전용 도로 구간임		아 동 보 호		아동, 유아의 통행로가 있다는 것을 알림 학교, 유치원이 있다는 것을 알림
규제 표시	보행자 횡 단 금 지		보행자의 횡단을 금지함		횡 단 보 도		횡단보도가 있음을 알림
	통 행 금 지		보행자, 자동차의 통행을 금지		도 로 공사 중		도로상, 도로 주변에서 공사를 함을 알림

[활동지] 나의 교통안전 점수

본 활동지는 학생들이 교통안전에 관련된 자녀의 평소 교통안전 태도를 측정하기 위한 검사지입니다. 다음 질문을 읽은 후 현재의 모습과 가장 비슷한 곳에 ○표 해주세요.

번호	내 용	잘 지켜요 5점	보통이에요 3점	노력이 필요해요 1점
1	횡단보도에 초록불이 들어와도 반드시 좌우를 먼저 살피고 건넌다.			
2	횡단보도에 초록불이 깜빡거릴 때는 급해도 건너지 않고 다음 신호까지 기다린다.			
3	횡단보도가 없는 도로에서는 좀 멀더라도 육교나 지하도, 다른 횡단보도를 찾아서 안전하게 길을 건넌다.			
4	횡단 5원칙(선다→본다→손을 든다→확인한다→건넌다)을 잘 알고 있으며 그대로 행동한다.			
5	횡단보도 앞에서 기다릴 때에는 두 발자국 안쪽에서 물러나 기다린다.			
6	자전거나 인라인 스케이트 등을 탈 때에는 반드시 보호장구를 하고 탄다.			
7	자전거는 위험하므로 차가 다니는 길에서는 타지 않고, 학교에.올 때도 타고 오지 않는다.			
8	항상 인도로 다니고 차도와 인도의 구분이 없는 도로에서는 길 가장자리로 안전하게 우측통행한다.			

9	후문으로 다닐 때에는 반드시 통학로를 통해 안전하게 다닌다.			
10	비나 눈이 오는 날에는 밝은 색의 옷을 입고, 우산이 앞을 가리지 않게 잘 들고 천천히 걷는다.			
11	골목길에서 놀거나 뛰어 다니지 않는다.			
12	자동차의 뒤나, 옆 등 가까이에서 함부로 놀지 않는다.			
13	가지고 놀던 공이 차도로 굴러가도 절대로 뛰어나가지 않는다.			
14	버스나 지하철 등 대중교통을 이용할 때에는 차가 완전히 멈춘 뒤 뛰지 않고 차례대로 탄다.			
15	버스나 지하철 등을 타면 자리에서 돌아다니거나 문에 기대지 않는다.			
16	차 밖으로 손을 내밀거나 빈 병, 깡통 등과 같은 물건을 차 밖으로 버리지 않는다.			
17	승용차 안에서는 반드시 안전띠를 매고, 떠들지 않는다.			
18	철길 건널목에 차단기가 내려져 있으면 기차가 지나갈 때까지 기다렸다가 안전하게 건너야 한다는 것을 알고 있다.			
19	나에게 필요한 교통안전 표지를 알고 있다.			
20	교통안전을 위해 애쓰시는 분들(교통봉사대 어머니, 실버 도우미 어르신, 교통경찰관, 모범 운전자 등)께 감사한 마음을 가지고 인사를 한다.			

* 20문항의 점수를 합해 보세요. 점수가 높을수록 나는 교통안전생활 지킴이!

- 100~90점 : 짝짝짝!!! 멋진 교통안전생활 지킴이입니다.
- 89~70점 : 지금도 잘 하고 있어요~ 앞으로는 더 열심히 지켜주세요!
- 69~40점 : 조금만 더 노력해주세요.
- 39~20점 : 위험해요~ㅠㅠ 앞으로는 열심히 지킬 거죠?

[활동지] 교통표지판 그리기

본 활동지는 학생들이 교통안전의 중요성을 알기 위해서 교통표지판을 그려보는 활동이다. 이 활동을 통해서 학생들이 교통표지판을 읽는 방법과 교통표지판의 중요성을 이해하도록 지도한다.

교통표지판 그리기			
교통표지판의 이름		교통표지판의 이름	
교통표지판의 이름		교통표지판의 이름	

5. 화재 예방 지도

화재 예방은 불이 일어나지 않도록 대비하는 것을 말한다. 불은 우리 생활에 여러 가지 도움을 주는 이로운 도구이다. 그러나 이를 잘못 다루었을 때에는 우리의 생명과 재산을 빼앗아 갈 수도 있다. 물론 화재는 발생하기 전에 예방하는 것이 가장 좋으며 만일의 경우를 대비하여 화재로부터 입을 수 있는 상해의 정도를 최소화하는 대책을 미리 마련해 두어야 한다.

불조심의 생활화를 위한 교육은 어린 시절부터 이루어져야 한다. 어린 시절에 경험한 습성들이 성년이 되어서 큰 영향을 미치기 때문이다. 아이들의 잠재의식 속에 있는 불장난에 대한 호기심을 몰아내고 안전에 대한 새로운 관념을 심어주어야 한다.

화재예방지도는 화재가 일어났을 시 화재로 인한 아이들의 부상을 최소화 할 뿐만 아니라 주변에서 발생할 수 있는 위험을 예방하고 대처하는 데 필요한 지식과 기술 및 태도를 기르게 한다. 따라서 부모는 아이들이 화재 위기상황을 정리하고 해결할 수 있는 화재안전지도가 반드시 필요하다.

화재 예방법

- 쓰고 난 가전제품의 플러그는 꼭 뺀다.
- 한 개의 콘센트에 여러 개의 플러그를 사용하지 않는다.
- 가스 밸브를 꼭 잠근다.
- 가스 사용 중에는 자리를 비우지 않는다.
- 석유난로 등은 불씨를 완전히 끈 후 기름을 넣는다.

- 소화기를 가까운 곳에 설치하고 위치를 알고 있다.
- 소화기 작동법을 알고 있다.
- 불 가까이 인화물질을 두지 않는다.
- 산이나 야외에서 성냥, 담배불 등을 조심한다.
- 불장난을 하지 않는다.

화재 신고요령

불이 났을 때는 먼저 불이 난 것을 알려야 한다.

- 불이 나면 소리가 날 수 있는 물건을 두드리거나 비상벨 등을 눌러서 주위 사람들에게 알 수 있게 한다.
- 119로 전화해서 불이 난 장소나 위치를 또박또박 말한다.
- 건물 내 갇혀 있을 때에는 창문 밖으로 표시를 하여 갇혀 있다는 것을 주위에 알려 주어야 한다.
- 불을 끄기 위해 소화기를 사용하는 방법을 배워야 한다.

소화기를 사용하는 방법은 먼저 소화기의 손잡이 부분의 안전핀을 뽑고, 호스를 불이 난 방향으로 향한 후, 손잡이를 힘껏 움켜쥐며 비를 쓸 듯이 불을 끈다.

[활동지] 화재예방 점검하기

본 활동지는 화재예방을 위한 습관을 점검해보는 활동이다. 이 활동을 통해서 학생들이 화재예방의 중요성을 알고 지킬 수 있도록 지도한다.

화재예방 점검하기				
순	점검내용	확인결과(○하기)		
		잘함	보통	안 됨
1	쓰고 난 가전제품의 플러그는 꼭 뺀다.			
2	한 개의 콘센트에 여러 개의 플러그를 사용하지 않는다.			
3	가스 밸브를 꼭 잠근다.			
4	가스 사용 중에는 자리를 비우지 않는다.			
5	석유난로 등은 불씨를 완전히 끈 후 기름을 넣는다.			
6	소화기를 가까운 곳에 설치하고 위치를 알고 있다.			
7	소화기 작동법을 알고 있다.			
8	불 가까이 인화물질을 두지 않는다.			
9	산이나 야외에서 성냥, 담배불 등을 조심한다.			
10	불장난을 하지 않는다.			
계				
반성				

Ⅶ. 우리 아이 나쁜 습관 바꾸기

사람의 행동이 습관으로 고정되면 이를 바꾸는 것은 점점 어려워진다. '세 살 버릇 여든 간다.'는 속담이 있을 정도로 나이가 먹을수록 한번 익힌 습관은 변하기 어렵다. 따라서 되도록 어릴 때 습관을 바꾸는 것이 좋으며, 가장 좋은 것은 문제 행동을 익히지 않도록 지도하는 것이 더욱 중요하다.

1. 세 살, 습관을 고쳐야 할 나이

좋은 부모라도 기분이 좋지 않을 때면 평소에 대수롭지 않게 넘겼던 아이의 행동에 괜한 언성을 높여가며 지혜롭지 못한 행동들로 아이의 마음을 다치게 하는 경우가 가끔 있다. 따져보면 아이의 잘못만도 아닌데 말이다.

단지 부모라는 이유로 실수를 하는 것은 이뿐이 아니다. 부모 자신도 고치지 못한 묵은 습관들을 아이에게는 고칠 것을 강요하거나 집착하고 있다. 예를 들면, 아이가 자신감이 없거나 발표력이 부족하고 내성적인 여러 가지 행동들이 나타나면 자신을 닮아 그럴 수도 있다는 생각은 뒤로 하고 아이에게 지적과 훈계로 그런 행동이 달라지기만을 바라고 있는 것이다.

지금 내 아이의 모든 언어습관과 행동습관은 부모가 보여준 습관의 결과라고 해도 과언이 아니다. 아이의 못마땅한 행동을 볼 때마다 잔소리만 하게 된다. 잔소리를 하고 또 해도 달라지지 않는 아이의 문제행동을 보면 더 화가 난다. 참다 참다 터지면 더 크게 화를 내어 아이의 마음까지 깨트리게 됨을 반복하면서 점차 부모와 아이의 관계는 더욱 나빠지고, 아이의 문제행동은 더 커져가면서 부모와 아이 모두 분노와 미움으로 상처를 받아 마음상태가 더 나빠져 간다.

부모는 자기 아이들의 모든 부분이 마음에 들지는 않을 것이다. 누구나 단점을 가지고 있기 때문에 나쁜 행동이나 습관이 나타나는 것은 당연하다. 중요한 것은 고쳐야 할 아이의 문제행동이 무엇인지 부모가 알아야 하며, 이를 어떠한 방법으로 고칠 수 있는지 부모는 끊임없이 고민하고 배워야 한다는 점이다.

'세 살 버릇 여든 간다.'는 속담이 있다. 나쁜 버릇은 고치기 어려우니, 처음부터 버릇을 잘 들여야 한다는 뜻이다. 그런데 습관이나 버릇을 고치는 데 왜 세 살을 이야기하는 걸까?

아이가 감정을 배울 수 있는 결정적 시기는 만 3세까지인데 이 시기에는 변연계(정서를 담당하는 뇌 영역)의 신경회로가 급속히 발달한다. 따라서 그 이전까지는 아이들에게 아무리 지적해도 그것이 무엇인지를 잘 모른다는 것이다. 즉 아이가 만 3세가 되기 전에는 아이 뜻대로 하도록 최대한 배려를 하고, 잘못한 행동을 하더라도 못 본 척하고 눈감아 주는 게 최선이다. 이런 정서 발달의 중요한 시기에 심하게 야단을 맞거나 학대를 당한 아이들은 변연계가 손상돼 성인이 된 후에도 사회에 적응을 못한다는 연구결과가 있다. 폭력적이고 사회성이 떨어지는 문제아 대부분이 어린 시절 부모가 소리를 지르고 때리는 행동을 많이 보여 주었다는 조사 결과도 있다.

따라서 3세 이후부터 부모는 아이들의 습관이나 버릇을 고쳐줄 필요가 있다. 그러나 아이의 행동을 바로잡기 위해서 교육을 한다고 하지만 잘못된 훈육을 하는 경우가 있다. 예를 들면, 아이가 나쁜 뜻으로 한 행동이 아닌데 아이의 고집을 자꾸 꺾으면 주눅이 들어 소심하고 복종적인 아이가 되기 쉽다. 때론 떼가 더 심해지기도 한다. 따라서 아이의 습관을 바꾸는 것은 정서적으로 친한 부모보다는 객관적인 기준을 가지고 지도하는 것이 바람직하다.

6~7세는 따끔하게 혼내는 것도 방법이다

3세부터 5세까지는 아이의 나쁜 버릇이나 습관을 고치는 방법은 부모의 인내력을 바탕으로 아이들의 자존심을 다치지 않도록 대화하는 수밖에 없다. 특히 위험하거나 잘못된 행동을 할 땐 결과를 알려주면서 왜 그런 행동을 하지 말아야 하는지 대화로 설명해주는 것이 좋다. 이 시기에는 오히려 아이를 잘못 혼내면 성격이 비뚤어진 아이로 자랄 수 있다.

대화로 적절히 혼내는 것이 효과적일 때는 아이가 자기 행동의 잘잘못을 따질 줄 알게 되는 만 6, 7세경부터다. 이땐 아이에게 불이익을 주는 방식으로 벌을 주는 게 효과적이다. 벌은 손을 들게 하던지, 청소를 하게 하던지, 심부름을 시키는 것으로 줄 수 있다.

2. 아이의 문제행동에는 반드시 이유가 있다

아이들을 키우다보면 아이들의 모든 행동들이 다 예쁜 것은 아니다. 미운 나이가 되면 눈에 거슬리는 문제행동들이 하루에도 여러 번 눈에 들어올 것이다. 문제행동들이 나타나도 아이니까 그러려니 하고 넘기다 보면 제멋대로인 아이로 자라 아무도 감당할 수 없는 심각한 지경에 이르기도 한다. 특히 아이를 처음 키우는 부모들은 아이들의 문제행동들에 대해서 어떻게 대응하는지를 몰라서 아이를 키우는 것이 어렵다고 생각할 때가 많다. 아이를 처음 키우는 부모들은 아이들의 문제행동들에 대해서 심한 경우에는 아이들을 때리거나 심하게 대하기도 한다.

우선 우리 아이가 평소에 다음과 같은 문제행동을 하는지 한번 살펴보자.

- 떼를 쓴다.
- 울음으로 모든 것을 표현한다.

• 장소를 가리지 않고 뛰어 돌아다닌다.
• 지긋이 앉아있지 못하고 금방 자리를 뜬다.
• 아무 것도 하지 않은 채 멍하니 돌아다닌다.
• 높은 곳에 올라가 뛰어내린다.
• 자주 소리를 지른다.
• 정신이 산만하며 집중력이 없다.
• 놀이방식이 패턴화되어 있어 변화나 발전이 없다.
• 창이나 문이 조금만 열려 있어도 돌아다니며 모두 닫아버린다.
• 블록이나 장난감 자동차 등을 늘어놓는다.
• 타인이나 자신에게 상처나 해가 되는 행동을 한다(때리고, 물고, 차고, 밀고, 성질을 부리고, 욕설을 하며, 물건을 부수거나 던지는 것과 같은 행동들이 모두 포함된다).

아이들의 문제행동이 발생하는 원인으로는 수많은 연구결과에서도 나타났듯이 낮은 자아개념, 가정에서의 아동학대, 개인적인 성격장애, 극도의 가난, 언어폭력, 성격장애, 태아상태에서의 알콜 증후군, 성취에 대한 의욕상실증, 애정결핍으로 인한 집착적 성격, 심리적 불안증세, 희망의 상실, TV 폭력에 의한 피해, 부모의 부정적인 역할모델 등이 있다.

위에서 제시한 아이들에게 나타나는 문제행동의 원인들은 다음과 같이 세 가지로 나눌 수 있다.

첫째, 아동 자신에게 원인이 있는 경우이다. 아이 자신에게 신체적으로 결함이 있다거나 정신 발달이 타 아이에 비해 뒤떨어질 때 나타나는 행동이다. 즉, 심리학적 요인에 의해 생겨나는 것이다.

둘째, 아이의 환경이 부적당한 경우이다. 다시 말해서 환경적인 요인으로 문제 행동이 발생한다. 가정 내에서의 행동지도는 주로 이 문제에 초점이 맞추어져 있다.

셋째, 부모의 인격성과 지도상에 결함이 있을 때 생겨난다. 이 경우는 상당히 문제가 되는데 실제로 지도를 해야 하는 부모가 문제가 있으므로 제대로 아이들의 문제를 가려내고 지도하기가 상당히 어려워진다. 그래서 부모는 이런 문제에서 벗어나기 위해서 끊임없이 자신의 문제해결 접근방식을 평가해야 한다. 이외에도 개개인에 따라서 다양한 원인들이 존재할 수 있다.

원인이 무엇인지 먼저 물어보자

결국 어떤 이유이든 아이들이 하는 문제 행동에는 분명히 원인이 있으며, 자신의 욕구가 채워지지 않기 때문에 그 욕구를 채우기 위한 욕구 불만을 가지고 있다는 신호다. 그럼에도 불구하고 부모를 비롯해서 주변 어른들이 아이의 욕구가 무엇인지 관심을 가져주기는커녕 오히려 혼내기만 한다면 아이들은 비뚤어 질수밖에 없다. 따라서 아이의 잘못을 지적하기 전에 "아이가 가지고 있는 욕구는 무엇인지?", "무엇 때문에 그러는 것인지?", "어떻게 하면 해결될 수 있나?"를 대화를 통해서 풀어 간다면 오히려 쉽게 문제 행동을 줄이거나 습관을 바꾸어 갈 수 있다.

다시 말해서 아이는 주변 사람들의 관심을 받고 싶은 욕구와 따뜻한 사랑을 받고 싶은 욕구를 많이 가지고 있기 때문에 사랑 받고 싶다는 표현을 울음이나 다른 과격한 행동으로 나타낼 수 있다. 그러나 이런 경우 더 야단을 치거나 체벌로써 다스리려고 하니 아이의 행동은 더욱 과격해 질 수밖에 없다.

아이가 진정으로 원하는 것을 주지 않는 가운데 이루어지는 부모의 체벌은 더욱 문제를 확대시킬 뿐 아무 도움이 되지 않는다. 이처럼 아이의 문제 행동에 대하여 폭력적인 언어나 체벌을 한다면 아이는 부모로 부터 다시 폭력을 당하거나, 버림을 받을지 모른다는 불안감에서 더욱 과격한 행동을 할 수 있다.

실제로 고집을 피워서 일을 엉망으로 만들거나 막무가내로 떼를 부리는 아이를 타일러도 보고 겁을 주기도 했지만 뜻대로 되질 않았다. 급기야 부모는 제 감정에 못 이겨 아이의 엉덩이를 때렸다. 하지만 아이를 때리고 혼낼수록 잘못이 고쳐지기는 커녕 더 심해진다는 사실만 깨닫게 됐다. 결국 부모는 입장을 바꾸어서 자신들이 원하는 기준을 일방적으로 강요하지 않기로 마음을 바꾸고 대화를 통해서 아이의 행동을 바꾸기로 하였다. 그 결과 집안은 훨씬 조용해졌다.

떼를 쓸 땐 무관심한 것도 한 방법이다

문제행동이 나타나기 시작하면 아이를 무조건 혼내거나 행동을 고치기 위해서 무리하게 대하지 말고 아이를 격려하고 되도록이면 많이 보듬어주는 것이 좋다. 어떤 때는 계속 문제 행동을 하게 되면 차라리 모른 척 무관심하는 것이 효과일 적일 때가 있다. 그러면 아이들은 부모의 행동에 대해 이해가 안 되어 자신의 행동에 대하여 생각을 하게 된다. "왜 나에게 관심이 없을까?", "어떻게 하면 나에게 관심을 가질 것인가?"를 고민하게 되고 결국 부모가 원하는 행동으로 나타날 수 있다. 이러한 아이 양육방법은 늘 야단쳤던 부모들에게는 생각보다 힘이 든다.

화가 머리끝까지 났을 때 참는다는 것은 쉽지 않기 때문이다. 그리고 아이는 한두 번 안아주었다고 해서 금방 달라지지 않는다. 포기하지 말고 꾸준히 인내심을 갖고 해 나가야만 아이는 조금씩 달라진다.

무조건 부모에게만 노력하라는 게 어디 있느냐고 불평하는 부모도 있을 것이다. 하지만 평생 그러라는 건 아니다. 인생에서 중요한 아동기와 청소년기는 한때다. 이 혼란스러운 시기만 잘 지나면 되니까 그때까지만 참아달라는 것이다.

3. 아이의 행동을 변화시키는 '나'-전달법

말은 아이들과의 소통방법 중에서 가장 쉽게 할 수 있는 방법이다. 때로 말 한마디가 아이들에게 힘이 되기도 하지만 상처가 되기도 한다. 그만큼 말 한마디는 매우 중요한 것이다. 그래서 아이들을 힘나게 하는 대화방법은 매우 많다. 그 중에서도 "나 전달법(대화법)"은 수많은 대화법에 관한 책에서 설명되고 있는 대화법으로 아이들에게는 더욱 좋은 대화법이다.

나 전달법(대화법)은 특히 아이에게는 하지 말아야 할 금지행동을 정해줄 때 사용하면 아이들에게 부담을 주지 않고 효과를 볼 수 있는 방법이다. 나 전달법은 내 요구를 효과적으로 전달하면서 상대방의 마음을 편하게 만드는 대화법이기 때문이다.

올바른 나 전달법으로 말한다면 자신에게 부담스러운 이야기도 나를 생각해서 하는 말로 들리게 되어 아이가 부모의 말에 집중하게 되고 공감을 하게 된다. 결국 나 전달법은 상대방에게 반감을 일으키지 않으면서 변명하지 않게 하고, 내 마음을 표현해서 내 요구를 집중해서 듣게 만드는 대화법인 것이다. 나 전달법은 아이의 행동에 대해 부모의 생각이나 느낌을 객관적으로 표현하는 방법이다. 아이의 행동이 부모 마음에 들지 않거나, 바람직하지 않다고 생각됐을 때, 부모는 불편을 느끼고 따라서 부모, 아이 간에 문제를 갖게 된다. 예를 들면 아이가 실내에서 뛰다가 엄마의 옆구리를 쳐서 엄마가 아플 때, '조용히 앉아서 놀아.' '너 왜 이러니.' '집안에서 뛰면 안 된다고 말했잖아?' '넌 왜 이렇게 조심성이 없니?' '제발 밖에서 놀아라' 등으로 말한다면 이것은 '너' 전달법(You-message)이다. 이 경우 '나' 전달법(i-message)으로 말하라면, '아야. 아빠 옆구리가 아프구나.' '엄마가 깜짝 놀랬어.' 등이 된다. 이러한 말들은 의미상의 주어가 나(자신)이다.

너-전달법은 부정적인 '~해라'등의 지시어의 사용이 많은데 나-전달법은 '너의 행동으로 인한 나의 느낌을 네가 잘 들어 주길 바란다'는 의미이다. 이 방법은 너(아이)에게 문제가 있다 또는 네가 틀렸다는 내용이 아니고 '나'(엄마)에게 문제 있으니 나를 좀 도와줘'하는 표현이다. 따라서 아이는 편한 마음으로, 엄마의 말을 듣게 되고, 도움을 주고 싶은 생각이 자발적으로 생기게 되어 저항감, 반발을 줄이는 요소가 된다. 다시 말하면 나-전달법이란 아이의 행동을 그대로 서술하고, 엄마 자신의 느낌을 솔직히 말하는 것이다. "네가 ~ 하면 또는 ~하여서 나는 ~느낀다." 예를 들면 "네가 청소를 하지 않아서 나는 기분이 속상하다." 등의 진솔한 느낌 표현이 중요하다. 그리고 이러한 대화법은 부정적인 행동 뿐 만 아니라 긍정적 행동에도 쓰인다.

"왜 이렇게 집안을 어지럽혀서 엄마를 힘들게 하니?"

"너는 늘어놓기만 하고 누구보고 치우란 거지? 더 이상 장난감을 가지고 놀지마!"

→ 아이를 탓하며 엄마의 불쾌한 감정을 전달하는 형태다.

"엄마가 할 일이 많은데 장난감을 치우지 않아 너무 힘들구나!"

"엄마가 집안 청소를 해야 하는데 장난감이 흩어져 있어서 청소하기가 어렵구나!"

→ 아이를 꾸짖지 않으면서 엄마의 생각을 전달할 수 있는 방법이다.

아이와 대화를 할 때 부모의 입장에서 대화를 하는 것이 아니라 아이의 입장에서 대화를 하는 나-전달법으로 대화를 하면 아이는 편한 마음으로 부모의 말을 들을 수 있을 뿐만 아니라 부모의 말에 대해 저항감이나 반발을 줄이게 된다.

4. 아이는 단호하고 구체적으로 표현해야 알아 듣는다

아이들의 문제행동을 바꾸기 위하여 문제행동을 지적하려면 직접적이고 구체적으로 지적해야 한다. 아이들은 구체적인 것밖에는 잘 모른다. 구체적이라는 것은 사물을 직접 경험하거나 지각할 수 있도록 말해야 한다는 것이다. 즉 눈으로 볼 수 있거나 만질 수 있는 것을 말한다. 아이들에게 문제 행동을 직접적으로 지적하기 어렵다고 해서 은유법을 쓰거나 상징물을 써서 이해시키려고 하면 오히려 아이들은 혼란스러워한다. 아이들의 행동을 지적하려면 애매하게 지적해서 깨닫게 하려는 생각을 버려야 한다.

오히려 구체적이지 않은 모호한 표현은 설득력을 떨어뜨릴 뿐만 아니라 아이가 해야 할 행동을 결정할 때 혼란스럽기 때문에 단호한 표현을 하는 것이 좋다. 대표적인 모호한 표현과 단호한 표현에 대해 먼저 살펴보면 다음과 같은 차이를 알 수 있다.

모호한 표현	단호한 표현
"너 똑바로 해!	"집에 와서는 복습을 해야 해"
"너 문제가 많구나?"	"넌 물건을 자주 잃어 버리는 게 단점이야"
"너 어른이 말하는데 듣는 태도가 그게 뭐니"	"너 어른이 말할 때는 바로 앉아서 들어야 하는 거야"
"네 참 지저분하구나"	"방청소는 잘해야지"
"말 좀 들어 먹어라"	"집에 오면 책 좀 읽어"
"너 알아서 안 하면 안 돼"	"엄마가 부탁하면 심부름을 다녀와야지"
"제발 부탁인데 말 좀 들어라"	"밥 먹을 때는 입을 다물고 먹어야지"
"꼭 그래야겠어?"	"동생하고 싸우지마라"
"네 요즘 아빠 말 안 들어"	"늦게 일어나지 마라"

아이가 부모에게 "똑바로 해!"라는 말을 들었다고 가정해보자. 아이는 무엇을 어떻게 해야 똑바로 하는 것인지에 대해 도대체 알 수가 없다. 아이가 받아들인 것은 단지 그 말을 들었을 때의 분위기와 억양과 태도에 따른 느낌뿐일 것이다. 따라서 아이는 부모가 한말에 대해서 똑바로 이해하지를 못하기 때문에 스스로의 잘못을 깨닫지 못한 채 여전히 잘못된 행동을 하게 된다.

부모와의 약속을 잘 지키지 않는 아이가 있다고 하자. 부모는 그런 아이 때문에 여간 신경이 쓰이는 게 아니다. 오늘도 약속을 안 지키는 아이에게 부모는 이렇게 말했다. "너 오늘도 약속을 안 지키면 좋지 않아." 약속을 잘 안 지키는 아이에게 "좋지 않아."라는 말은 모호하다. "좋지 않아."라는 것은 단지 좋지 않다는 생각을 말하는 건지, 혹은 약속을 안 지키면 매를 맞는다는 건지?, 밥을 굶긴다는 건지? 헷갈리게 된다. 그러다 아이는 자기가 생각하고 싶은 대로 하게 된다.

아이가 약속을 지키지 않으면 어떻게 된다는 것을 알려서 약속을 지키지 않는 행동을 하지 못하게 하려면 분명한 표현으로 "약속을 지키지 않으면 밥을 굶길 거야. 네가 약속을 지킬 때까지 말이야."라고 말해야 한다. 이렇게 하면 아이도 약속을 지키지 않으면 어떻게 되는지 올바른 선택에 필요한 정보를 얻게 되고, 아이에게 무엇을 기대하고 요구하는지 확실히 알게 된다. 따라서 아이들의 잘못을 지적하여 행동을 고치게 하려면 모호한 표현보다는 단호하고 구체적인 표현을 해야 한다.

5. 부정적으로 표현하기보다는 긍정적인 방향을 제시하라

아이들은 자신의 행동에 대해 부모에게 지적을 받게 되면 자신이 부모의 기대를 채워주지 못하고 있다거나, 아니면 스스로 부족하고, 아직 미숙하다고 느끼게 된다. 이런 감정이 지속되면 아이들은 자신감을 잃게 되거나 좌절에 빠지기 쉽다. 부정적인 메시지에 따라 아이가 받게 될 느낌은 다음과 같다.

아이에게 주는 부정적인 대화는 아이의 기분을 상하게 할 뿐만 아니라 창피함, 수치심, 사기 저하, 모욕감, 당혹감, 심지어는 분노나 모욕감까지 느낀다는 것이다. 결국 부모의 부정적인 대화는 자신의 잘못된 행동을 바로 잡으려는 노력으로 보지 않고 인격적 공격으로 받아들인다.

또한 남들에게 비난하는 말이나 상처주는 말과 같은 부정적인 말을 해도 무방하다는 그릇된 관념을 아이에게 심어주게 된다. 따라서 아이의 부정적인 면에만 너무 초점을 맞추어서 감정적인 표현을 해서는 안 된다. 따라서 비난하는 말보다는 긍정적인 방향을 제시하여 행동의 변화를 요구해야 한다.

존 그레이의 〈화성남자와 금성여자의 아이를 현명하게 키우는 비결(2000)〉에서 부정적인 메시지를 긍정적인 방향으로 제시하는 표현들을 알아보자.

부정적인 메시지	부정적인 지휘	단호한 표현
여동생을 때리지 마라	네가 여동생을 때리지 않기를 바란다.	네가 여동생과 사이좋게 지내기를 바란다.
떠들지 마라	네가 떠들지 않기를 바란다	네가 지금 조용하기를 바란다.
빈둥거리지 말고 방을 치워라	네가 빈둥거리지 말고 방을 치웠으면 한다.	네가 바로 지금 방을 치우기를 원한다.
그런 식으로 말하지 마라	네가 그런 식으로 말하지 않았으면 한다.	네가 좀 더 남을 존중하고 바른 말을 썼으면 한다.
지금 당장 웃옷을 입어라	네가 엄마한테 대들지 않았으면 좋겠다.	네가 엄마 말을 잘 따랐으면 한다. 웃옷을 입어라.
아빠 말을 듣는 게 좋을 거다	네가 카드놀이를 그만하고 이 닦으러 가기를 원한다.	네가 지금 바로 이 닦으러 가기를 원한다.

부정적인 말은 협조가 아닌 저항을 불러일으키고, 아이의 사기를 떨어뜨려 바람직한 행동으로 이끌어 가지 못한다. 그와 반대로 긍정적이고 격려를 해 주는 말은 매우 효과적이며, 아이의 기분을 좋게 만든다. 또한 아이에게 자신감과 자존감을 느끼게 하여 스스로 힘든 일과 문제를 해결하려는 마음이 들게 만든다.

6. 길게 말하지 말고 핵심만 말하라

아이가 부모의 말에 주의 깊게 집중해서 들어 주는 시간은 예상 외로 짧다. 일반적으로 3분이면 부모의 말에 대해서 아이들은 지루해 한다. 따라서 부모는 3분 안에 서론-본론-결론이 다 나와야 한다. 주어진 3분 안에 아이와의 대화를 효율적으로 하기 위해서는 대화 내용의 핵심이 무엇인지, 그것을 이해시키기 위해 어떻게 표현하는 것이 좋은지를 알아야 한다.

아이에게 이야기 할 때 대화 내용의 핵심만 이야기 하는 게 아니라 길게 뜸을 들이면서 대화를 한다면 듣는 아이가 매우 지겨워 할 것이고, 잔소리로 듣게 되어 오히려 역효과가 나기 쉽다.

부모도 길게 말하게 되면 자기가 이야기 하는 것의 주제를 놓쳐버릴 가능성이 높다. 내가 아는 어떤 분은 딸과 아들 남매를 두었는데, 두 아이가 그렇게 자주 싸운다고 한다. 그런데 언제부턴가 부모의 말 한마디면 투닥투닥거리던 아이들이 저절로 싸움을 그치고 스스로 화를 푼다고 한다. 그 비결이 궁금해서 물어봤다.

이전까지 두 아이들이 싸우면 "왜! 싸우냐?"부터 "형제끼리 싸우면 안 된다."라는 일장 훈시까지 했다는 것이다. 그랬지만 아이들의 싸움은 멈추지 않았고, 큰 효과도 보지 못했다고 한다. 즉 말하는 방법을 구구절절 자세하게 말한다고 해서 아이들이 반응하는 것이 아니라 핵심만 말하는 것이 좋다고 생각했다. 그래서 두 아이가 싸우면 딸아이에게는 "너, 내 아들 귀하니까 다치게 하지 마"라고 말하고 그리고 아들한테도 "너 내 딸 괴롭히지 마 예쁘게 키워야 하거든"이라고 말했다고 한다. 그러면 두 아이 모두 웃음을 참지 못해 화를 풀고 아이들은 부모가 말하는 것이 무엇인지를 자세히 말하지 않아도 부모가 말하고자 하는 것이 무엇인지, 핵심 내용이 무엇인지를 파악한다고 한다.

사람의 몸에도 급소가 있듯이 대화에도 급소가 있다. 화제의 급소를 알면 그 누구와 대화를 해도 자신 있게 할 수 있다. 즉, 이야기의 핵심에 제대로 접근하려면 결론부터 말하는 것이 좋다.

결론부터 말하게 되면 아이가 이야기의 핵심에 집중하게 되며 아이에게 자신감 있는 모습을 전달하게 된다. 아이에게 이야기할 때에도 마찬가지이다. 아이는 부모가 이야기하는 것을 보고 그대로 따라하는 성향이 강하다. 부모가 화제의 핵심을 잘 이야기하고 그것을 설명해주는 것을 자주 듣게 된다면 아이 자신도 그런 화법을 가지게 될 것이며, 또한 자신감을 높이는 데 기여할 것이다.

7. 흥분은 금물! 부드럽지만 단호한 어조로 말하자

아이에게 행동의 변화를 지시할 때 표현 못지않게 목소리 톤도 중요하다. 격앙된 목소리, 짜증이 섞였거나 화난 목소리로 말을 할 때 아이들은 자신의 행동이 잘못되었다고 느끼기 이전에 자신의 행동과는 관계없이 부모가 화를 내는 것으로 받아들인다.

특히 아이의 잘못된 행동을 지적하고 훈계를 해야 할 때 가장 치명적인 것은 부모가 쉽게 흥분하거나 자신의 감정을 조절하지 못하는 경우다. 흥분 잘하는 부모일수록 아이들은 "또 시작이네. 이번에는 몇 분만 참으면 될까?", "어휴 지겨워 저 소리."라며 진저리를 친다. 오히려 이러한 대화에서는 아이가 차분히 들어 주는 것이 아니라 "내가 뭘 잘못했다고 그래요?", "왜 매일 소리 지르고 그래요?", "다른 애들도 다 그런단 말예요. 왜 나만 가지고 그래요?"라고 반항하는 경우도 발생하게 된다. 특히 남들 앞에서 아이를 지적하는 것은 더 큰 반항을 가져올 수 있으므로 아이의 상황을 배려하면서 주의를 주어야 한다.

아이들의 행동이 잘못되어서 대화의 주도권을 잡고 지적하고 싶다면 절대로 흥분하지 말아야 한다. 부모의 갑작스런 흥분은 아이를 당황시키고 충격을 주게 된다. 따라서 부모는 차분하게 자신의 감정을 잘 조절하며, 이성적인 판단이 흐려지지 않도록 말해야 한다. 아이를 잘 타이르려면 먼저 부모가 차분하게 아이를 배려하는 투로 말하는 모범을 보여야 한다.

부모가 아이의 행동을 지적하는 일은 부모나 아이 모두에게 부담되는 일이다. 부모는 아이에게 부정적인 이야기를 해야 한다는 부담감이 있고, 아이는 부모에게 잔소리를 듣게 되기 때문이다. 그러나 이러한 부담감 때문에 해야 할 지적을 하지 않는 것은 오히려 더 큰 문제를 가져온다. 그래서 하기는 해야 하지만 너무 자주하는 것은 좋지 않다 하더라도 한 번에 효과를 봐야 한다. 그러기 위해서는 지적하는 부모의 말투에는 아이가 말을 들어야 한다는 단호하고 확고한 기대가 배어 있어야 한다. 또한 전달하는 최상의 방법은 차분한 목소리로 말하여 아이에게 하는 말이 진심이라는 것을 보여주어야 한다.

8. 대답만 하지 말고 행동에 옮기도록 해야 한다

대화를 통해서 아이가 행동을 바꾸려는 마음을 결정하였을 때는 구체적인 실행 방법까지 함께 알려주어야 한다. 의외로 아이들은 마음의 결정을 하였어도 실행 방법을 모르기 때문에 뜸을 들이기 쉽다. 실행에 옮기기 위해서는 실행에 옮기는 구체적인 방법을 알아야 한다. 따라서 부모는 아이가 결정한 마음을 행동으로 옮기기 위해서는 자세한 안내나 쉽게 실행하는 구체적인 방법을 알려주어 따르도록 하는 것이 좋다.

대화를 통해서 '예스'라는 확답을 얻어내는 것은 쉽지 않을 수 있다. 그러나 더욱 어려운 것은 '예스'라는 응답에 대하여 실제로 행동으로 옮겨질 수 있도록 해야 한다. 애써서 '예스'라는 응답을 받아 놓은 상태에서 실제로 행동으로 옮겨지지 않는다면 수고를 한 것에 의미가 없다. 따라서 아이들의 '예스'라는 동의를 받아내는 데 그치지 말고 실제 행동으로 옮겨질 수 있도록 촉구해야 한다.

9. 아이에게 이기려고 하지 마라

옛말에 '자식을 이기는 부모는 없다'는 말이 있다. 부모가 자식에게 이길 수 없는 이유는 자식이 부모를 사랑하는 것보다 부모가 자식을 더 사랑하고 있기 때문이다. 누군가를 사랑하는 사람은 그 누군가를 이겨낼 도리가 없다.

아이들은 어리기 때문에 항상 자기중심적이며, 자기가 하고 싶은 말만 생각하게 된다. 아이는 한번 하고 싶은 것이 생기면 아무 것도 보이지 않고 그것을 관철하려고 한다. 그러면 아이를 사랑하는 부모는 아이의 주장과 결정을 존중할 수밖에 없게 된다. 설령 그 결정이 부모의 관점에서 잘못이라는 판단이 되더라도 아이가 힘들어 하면 들어주고 만다. 문제는 아이는 그런 부모의 마음을 잘 모른다는 것이다. 부모의 마음을 알아준다면 부모의 주장이나 결정에 따를 텐데 말이다. 그래서 아이는 아이인 것이다.

그렇다면 부모가 아이를 이기려고 하면 어떤 일이 벌어질까? 사소한 일에도 부모가 아이를 이기려고 하게 되면 때로는 강압적으로 아이의 주장을 묵살하거나 어떤 때엔 말을 듣지 않는다며 매를 들게 된다. 아이에게 강압적으로 대하거나 매를 들면 아이들은 어쩔 수 없이 부모의 의사나 결정에 따르게 된다.

부모는 이러한 결과에 대해서 일시적으론 이겼다는 마음에 이제는 아이를 내 마음대로 할 수 있을 것이라는 착각에 빠질 수 있다. 하지만, 아이는 부모 요구에 따라 움직여주지 않는다는 사실을 발견하는 데는 그리 오래 걸리지 않는다. 아이가 엇나가기 시작하면 그땐 부모가 정신이 없어진다. 아이에 대한 분노와 배신감으로 아이들과 더욱 거리가 멀어지게 된다. 아이는 더욱 부모와의 거리를 두게 되고 미움만 자리에 남게 된다.

부모의 억압으로 아이가 입을 닫아버리게 되면 부모는 점점 답답해지기 시작하면서 더욱 아이를 미워하게 된다. 결국 서로는 건너지 못하는 강을 건넌 것과 같이 된다. 한번 무너진 관계가 되면 아이와 친해지려는 유화정책을 써도 먹히지 않게 된다. 실제로 아이와 싸움에서 이긴 부모들이 아이들과 관계를 회복하는 데는 몇 년이 걸린 경우도 허다하다.

따라서 아이와의 싸움에서 이기는 것은 아이의 성장이나 가정의 행복에 아무런 도움이 되지 않는다. 그렇다고 부모가 항상 아이에게 져주는 것도 바람직하지 않다. 부모가 아이에게 항상 져주면 아이는 기세가 등등해져서 부모를 항상 이기려고 하고, 부모의 말을 받아들이지 않게 된다. 결국 부모로서의 역할이 없어지는 것이다.

가정이 행복하기 위해서는 아이와의 갈등에서 무조건 이기려고 하거나, 져주려고 하지 말고 서로가 무승부로 끝나는 것이 좋다.부모와 아이에게 모두 문제가 되는 상황에서 양쪽이 모두 기분 좋게 이겼다는 느낌을 갖도록 할 수 있는 방법이 무승부법이다. 문제의 원인을 찾고 가능한 해결방법을 서로 제시하며 그중에 합의된 방법으로 문제를 해결하는 토론식 방법이다. 아이가 갑자기 장난감을 사달라고 하여 두 사람 사이에 갈등이 생긴다면, 아이가 그 장난감을 원하는 이유에 귀 기울여 아이의 요구를 인정해 주고, 부모는 사줄 수 없는 이유를 충분히 설명해 양자의 의견을 좁혀야 한다. 그런 후 구입할 시기를 미룬다든지 그보다 조금 싼 것을 고를지 등을 합의해 실행할 수 있다. 그러나 부모가 계속 사줄 수 없다고 주장하다가 아이와 힘겨루기에 밀려 사준다면 무승부법에서 실패한 것이 된다.

앞으로 아이와의 갈등을 어떻게 해결하면 좋을까에 대한 고민이 든다면 무승부가 되도록 한다.

Ⅷ. 화내지 않고 투정 잠재우기

투정이란 무엇이 모자라거나 못마땅하여 떼를 쓰며 조르는 일을 말한다. 결국 투정을 심하게 하는 아이는 막무가내로 자신의 의사를 관철하기 위하여 떼를 쓰며 조르기 때문에 부모들에게 답답함과 아픔을 준다. 그래서 예쁘기만 했던 우리의 아이가 투정을 하게 되면 부모들은 어찌할 줄 몰라서 당황하기도 한다.

1. 투정은 성장의 자연스러운 과정이다

경험이 적은 부모일수록 아이들의 투정에 부모는 난감할 뿐만 아니라 속수무책일 것이다. 그렇다면 우리 사랑하는 아이들의 투정을 해소하거나 줄이는 방법은 무엇일까? 투정을 해결하기 위해서는 우선 투정이 무엇인지, 원인은 무엇인지를 알아야 한다.

투정은 아이들이 자기가 하고 싶은 것을 하지 못하거나 자기가 원하는 것에 모자라거나 못마땅하여 떼를 쓰며 조르는 행위를 말한다. 반면에 아이들이 자기 마음대로 되지 않을 경우 심하게 울거나 버둥거리는 것을 '떼'라고 한다. 투정과 떼는 미묘한 차이가 있지만 투정에 떼가 포함되므로 혼용되어 사용하고 있다.

아이들이 투정을 부리는 이유는 매우 다양하다. 투정을 부리는 이유를 보면 다음과 같다.

첫째는 아이가 무엇인가를 해보려고 하는데 부모가 못하게 하는 경우가 있다.

둘째는 아이가 필요한 것이 있는데 부모가 알아주지 못하는 경우가 있다.

셋째는 자신의 능력보다 주위에서 더 많은 기대를 한다고 느껴질 때나 자기를 알아주지 않기 때문에 나타나는 경우가 있다.

넷째는 아이가 불안정하거나 부모가 너무 위해 주며 키워서 행동의 원칙을 배우지 못했을 때 투정을 부린다.

다섯째는 아직 어려서 마음먹은 대로 잘 안 될 때, 힘들기는 한데 어떻게 해야 할지 모르거나 해도 잘 안 된다는 생각에 빠져 있을 때 아이는 무기력해지고 자신감을 잃을 때 투정을 부린다.

여섯 번째는 자기감정을 이해하고 표현하는 능력이 부족하기 때문에 자신이 힘든 원인을 잘 몰라서 투정을 부리고 짜증을 내는 경우도 있다.

아이들은 매사를 자기중심적으로 생각하기 때문에 갑자기 투정을 부리는 것은 누구나 다하는 것이며 자아발달의 과정에서 꼭 거쳐야 한다. 아이마다 차이가 있지만 보통 투정은 생후 12개월이 지난 후부터 18개월 사이에 나타나게 되며 24개월에 정점을 이루고, 이후에는 아이의 인지발달의 차이에 따라 투정을 대화로 해결하기도 한다.

통상적으로 유아기에는 자신의 요구나 독립심이 방해를 받게 되면 무척 화를 내고 '싫어'하는 표현을 쓰면서 '반항'을 하게 된다. 자신의 의지를 관철하기 위해서 '폭력'을 행사하기도 한다. 부모는 아이들의 투정으로 인하여 무척 당황스럽고 난처하겠지만 아이 발달의 한 과정으로 이해해 주어야 한다.

그러나 아이들의 투정을 귀찮게 생각하고 고쳐야 한다고 생각하여 무조건 강압적으로 제지하거나 부모가 생각나는 대로 아이의 투정을 제지하려고할 때, 또는 실랑이를 하다가 부모가 져서 들어주게 되면 아이의 바람직하지 않은 행동을 오히려 '강화'하게 된다.

예를 들어 부모가 소리를 지르거나 물건을 던지고 문을 소리 내어 닫는 경우 아이는 이를 모방한다. 또 아이를 융통성 있게 다루지 못하고 너무 고지식하고 일관성 없는 교육을 할 경우에도 이런 문제가 발생한다.

따라서 어렸을 때의 투정을 어떻게 해결하느냐에 따라서 아이들이 바르게 자랄 수 있지만, 투정을 잘못 해결하면 평생 욕구불만을 가진 사람으로 성장하게 된다.

투정은 누구나 할 수 있다. 그러나 이런 투정을 받아들이는 부모의 모습과 태도가 아이들의 인성을 결정짓는데 큰 영향을 끼칠 수 있다는 것을 알아야한다. 어떻게 받아들이느냐에 따라서 오히려 아이가 나쁘게 될 수도 있고, 성격에 나쁜 영향을 끼칠 수도 있다. 아이가 투정을 하면 짜증으로 받아들이지 말고, 아이가 투정하는 이유나 원인을 찾아서 해결하는 것이 가장 현명한 해결 방법이다.

2. 아이의 마음을 안다는 것을 표현하라

'투정'은 아이의 자아 발전과정 중에 자연스럽게 나타난다. 우리는 앞에서 보았듯이 아이들이 투정하는 원인은 매우 다양하다는 것을 알 수 있다. 영아기(0~2세)에는 밤에 자다가 일어나 부모를 찾으며 보챈다. 그리고 자장가를 불러 주거나 다독거려주길 원하는데 부모가 관심이 없으면 아이는 투정을 부린다. 유아기(2~4세)가 되면 부모가 해 주던 모든 것을 자신이 직접 해 보고 싶어 한다. 밥을 먹을 때, 옷을 입고 벗을 때, 세수를 할 때도 마찬가지로 직접 하겠다고 떼를 쓴다. 직접 시키면 제대로 하는 것은 별로 없지만 스스로 해냈다는 성취감을 맛보고 싶기 때문이다.

투정은 조용한 아이보다는 에너지가 많고 활동적인 아이에게서 많이 볼 수 있다. 아이가 자신의 힘을 과시해 보려는 욕구, 주위의 관심을 끌려는 욕구의 표현이 바로 '투정'이기 때문이다.

그래서 아이는 '투정'을 부려 주위에서 더 많은 관심을 더 받게 되거나, 원하는 대로 되는 경우 계속해서 투정을 부리게 된다. 그 이유는 아이의 입장에서는, 부모가 완벽주의이고 지배적일 경우 투정이 부모에게서 벗어나서 숨을 쉬는 수단이고, 성질을 부림으로써 부모를 조정할 수 있고, 때로는 처벌을 면할 수 있다는 것을 알기 때문이다.

이처럼 투정의 원인은 다양하지만 결국 투정은 부모가 아이의 마음을 정확히 몰라주기 때문에 발생한다고 할 수 있다. 투정은 아이의 강한 욕구가 정상적인 경로를 통해서는 해결되지 않으므로 그들이 할 수 있는 우는 행동, 화내는 행동, 발을 구르는 행동, 물건을 집어 던지는 행동, 심지어는 머리를 벽에 박는 행동 등으로 나타난다.

아이는 누구나 투정을 한다. 다만 정도의 차이가 있지만 아이가 하는 투정은 무언가 자신의 욕구 충족을 전부 하지 못해서 생기는 것이다. 따라서 아이들의 투정을 귀찮게 생각하고 고쳐야 한다고 생각하여 무조건 강압적으로 제지하거나 부모가 생각나는 대로 아이의 투정을 제압하려고 할 때, 또는 실랑이를 하다가 부모가 져서 들어주게 되면 아이의 바람직하지 않은 행동을 오히려 '강화'하게 된다.

따라서 투정하는 아이가 지금 부족한 것이 무엇인지?, 그것을 찾아서 욕구들이 미숙하고 유치하더라도 다정하게 격려해 주면 아이의 자율성이 발달하게 된다. 따라서 아이의 투정이 위험한 행동이나 남에게 특별히 해가 되는 행동이 아니라면 아이의 행동을 받아주고 용납해 주는 것도 좋다.

3. 다정하게 대한다

아이의 바람직하지 않은 투정을 해결할 때는 '다정함'과 '일관성'이 있어야 한다. 제일 중요한 것은 다정함이다. 즉 아이가 투정을 한다고 해서 짜증이 났다는 표정으로 아이에게 화를 내거나 잔소리를 하는 것은 아무 효과가 없다.

아이가 투정을 했다고 바로 아이에게 화를 내거나 손찌검을 하게 되면 아이는 더욱 커다란 소리를 지르면서 울게 된다. 그리고 아이는 더 이상 부모 말에 귀 기울이지 않을 것이다.

또한 아이가 투정을 시작하게 되면 이미 아이는 감정적으로 격앙되어 있기 때문에 부모의 잔소리나 꼬치꼬치 따지는 것은 아무런 효과가 없다. 투정부리는 아이에게 왜 투정을 부리는지 꼬치꼬치 따지거나 잔소리를 하게 되면 아이들은 들어 주거나 대꾸를 하지 않기 때문에 오히려 부모만 지칠 뿐이다.

묻는 말에 정확하고 신중하게 그리고 친절하게 대답하는 어른이 되어야 한다. "엄마 왜 사람들은 죽어요?라고 물으면 "넌 몰라도 돼."라고 대답한다던지, "아이는 어디서 태어나요?"라고 물을 때 "너도 크면 다 알게 된다."라는 식의 회피성 대답은 하지 말아야 한다. 정확하게, 그러나 아이가 이해하기 쉬운 정직한 말로 가르쳐주자. 그것이 훗날 아이에게 큰 도움이 될 것이다. 어른들은 자기 마음대로 말하고 아이들에게 감정적으로 대할 때가 많다. 더구나 말버릇도 고약한 경우가 많다. 그러한 모습을 아이들은 정확하게 배우게 된다. 물론, 항상 친절하게 대하기란 힘들다. 그러나 어른은 아이들에게 친절하고 다정하게 대하는 것이 당연하다.

Tip 마음을 어루만지는 대화

아이의 요구를 부모가 인정해 준다면 아이는 자신의 감정이나 요구가 인정받았다고 느끼는 순간 투정은 줄어들고 화난 감정이 누그러지게 된다.

- 무척 속상했겠구나.
- 우리 ○○가 힘들었겠구나.
- 이게 무척 갖고 싶었지?
- 이게 먹고 싶었지?

4. 투정하는 아이에게 배려하는 마음을 갖게 한다

아이들이 투정하는 이유 중에 하나는 자신의 욕구를 해결하는 방법을 모르기 때문인 경우도 많다. 밥을 먹고 싶은데 밥을 어떻게 달라고 해야 좋을지, 하고 싶은 것이 있는데 어떻게 해야 부모가 해줄 것인지, 자신에게 부족한 것이 있는데 어떻게 해야 배우는지를 모르기 때문에 아이들은 투정을 하게 된다. 이처럼 아이들이 자신의 욕구를 해결하는 방법을 모르기 때문에 투정을 한다고 할 때 부모가 무작정 화를 내면 아이들은 더욱 투정을 심하게 부릴 수밖에 없다.

공손하게 부탁하는 방법을 가르친다

부모가 아이들의 투정을 귀찮다고 생각하여 아이의 의견을 무시하고 위협을 한다면 아이들은 더욱 반항하게 되고 투정이 더욱 심해진다. 심지어 아이는 울면서 생각한다.

"엄마는 날 사랑하지 않아. 엄마가 나를 버린데. 엄마는 분명히 새 엄마 일거야. 안 그렇다면 어떻게 저런 말을 할 수 있을까?"라고. 따라서 이런 상황에서 엄마는 아이에게 하고 싶은 것이 있다면 투정하는 것보다는 공손하게 부탁하는 방법을 가르쳐야한다.

예컨대, "엄마 저 동물원에 가고 싶어요. 같이 가 줄 수 있어요?"라고 표현하는 방법을 알려주거나 "엄마, 학교에서 선생님이 동물을 보고 오라고 했어요. 그래서 동물원에 가야 해요"라고 말하도록 가르친다. 공손하게 부탁하는 것은 자신의 입장을 무조건적으로 부모에게 종용하기 보다는 그렇게 해야 하는 이유와 함께 부모의 입장도 반영해서 요구하라고 가르치는 것이다.

아이가 너무 뻔뻔하고 자기중심적으로 떼를 쓰면서 요구를 하게 되면 "엄마는 더 이상은 받아줄 수가 없구나. 떼를 쓰는 것보다는 말로 나를 설득하면 엄마가 해 줄게." 또는 "네가 원하는 것을 갖기 위해 무작정 떼를 쓰는 것보다 정 원하는 것이 있다면 공손하게 부탁하는 것을 습관으로 들여라."는 말을 하여 공손하게 부탁할 때까지 무시하여 본다.

적당한 부모의 무시는 아이가 '항상 제멋대로 할 수는 없다.'는 것을 배우도록 하게 한다. 아이가 공손하게 부탁하는 태도를 가지면 부모는 아이의 행동의 변화에 칭찬을 해주어서 아이가 공손하게 부탁하는 태도를 익히도록 한다.

공손한 태도에 대한 칭찬을 하고, 태도에 대한 기쁨을 표현해 주면 아이들은 다음에도 자신의 욕구를 해결하는 방법을 투정으로 표현하는 것이 아니라 대화로 해결해야 한다는 것을 알게 되어 투정이 줄어들게 된다.

다른 사람의 입장을 배려하도록 한다

투정하는 아이일수록 자기중심적 사고를 하는 경우가 많다. 떼를 쓰는 아이들은 다른 사람의 감정을 거의 고려하지 않는다. 오로지 자신의 목적만 생각하기 때문이다. 따라서 투정하는 아이는 다른 사람의 감정을 배려하기보다는 자신의 감정을 수용하도록 강요하게 된다. 이러한 아이에게는 투정을 할 때 자신의 입장보다는 상대방의 입장을 고려하는 것을 배우게 해야 한다. 아이들은 자신의 요구가 얼마나 다른 사람들에게 부담을 주는지를 모른다. 그러므로 다른 사람에 대한 배려에 관해 배울 필요가 있고, 다른 사람의 입장이 되어 그들의 감정을 느끼고 깨닫게 해준다.

다른 사람의 입장을 이해하기 위해서는 아이에게 역할을 바꾸어 보게 한다. 예를 들어 아이에게 자신의 욕구를 표현하게 할 때는 항상 남의 입장이 되어 보라고 권한다.

5. 아이가 스스로 결정하도록 하라

계획을 세울 때에는 반드시 아이에게 결정권을 준다. 이 단계에서 부모가 더 큰 힘을 발휘한다고 느끼면 아이는 그 계획을 지키지 못하였을 때 부모를 탓하게 된다. 자신이 만든 것이 아니니 자신이 못하는 것은 당연하다고 변명하는 것이다. 그렇기 때문에 계획을 세울 때에는 부모와 아이가 함께 상의하고 숙고해야 하지만 무엇보다도 아이가 스스로 결정할 수 있도록 해야 한다.

투정은 부모의 의사와는 상관없이 아이의 일방적인 의사를 행동으로 표현하는 것이나 동의는 아이의 행동에 대하여 부모가 인정해 주고 이해해 주는 것이다. 따라서 '동의' 방법은 아이에게는 투정을 줄여주는 역할을 하고 부모에게는 아이를 이해할 수 있는 계기를 만들어 준다.

"○○아! 엄마가 내일 놀이공원에 간다고 약속했던 거 있지? 하지만 할머니가 아파서 가봐야 하기 때문에 내일은 시간을 낼 수가 없어. 그래서 놀이공원 가는 건 다음 주로 미루자. 괜찮지? 당장 우는 걸 멈추지 않으면 넌 앞으로 영영 놀이공원에는 못 가게 될 거야. 알았어?"

→ 이렇게 말한다면 아이는 엄마의 입장을 이해하지 못한다. 다만 다른 행동을 하기에는 힘이 없을 뿐이다. 게다가 엄마가 약속을 깨버린 것에 대해 아이는 크게 실망하게 되고 그 감정을 우는 것으로 나타낸다면 더 화를 낼 것이고 상황은 더 나빠질 것이다.

엄마 : 할머니가 아프다고 전화하셨어. 그래서 빨리 와주었으면 하셔. 하지만 이미 너와 놀이공원 가는 계획이 있어서 고민을 많이 했어. 왜냐하면 엄마는 약속을 했으면 그것을 지키기 위해서 최선의 노력을 다해야한다고 믿기 때문이야. 너한테 놀이공원에 갈 거라고 말했었고 네가 그 약속이 지켜지길 바란다는 사실을 알고 있기 때문이야. 그렇지?

아이 : 맞아요!

엄마 : 그러나 지금은 할머니가 아파서 가봐야 하니 어떻게 하는 것이 좋겠니?

아이 : 놀이공원에 갔으면 좋겠어요.

엄마 : 물론 너와 약속을 꼭 지키고 싶단다. 그러나 문제는 할머니를 찾아가서 도와드리지 못하면 큰일 날 수도 있단다. 그러니 네가 이번에는 이해를 해주고 다음 주에 놀이공원에 같이 가면 안 되겠니?

아이 : 네. 싫지만 그렇게 해요.

엄마 : 고맙다. 내일 할머니께 가서 네가 많이 걱정한다고 말해 드릴게.

→ 합의는 대화를 통해서 서로가 지킬 수 있는 것을 정해가는 것이다. 엄마입장에서 일일이 아이들에게 설득을 하기 위해 너무 자세하게 말하는 것은 아닐까라고 생각할 수 있지만, 이렇게 말함으로써 아이는 어떤 일이 벌어졌는지를 알 수 있고 엄마가 약속을 깨는 것에 대해 미안하게 생각하고 있다는 것도 알 수 있다.

동의를 이끌어내는 것도 투정부리는 아이에 대한 대화법 중 하나이다. 동의는 아이의 욕구를 표현하는 행동을 합의에 의하여 이루어진다는 것을 가르치는 것으로부터 아이들이 어른이 될 때 지니길 원하는 품성을 가르치는 것으로 바꿔주기 때문이다. 그러므로 동의를 이끌어내고 유지하는 능력은 성공적인 어른이 되기 위한 가장 결정적인 요소 중의 하나이다.

그렇다면 우리는 어떻게 아이들에게 동의를 이끌어 낼 수 있을까?

합의하기는 아이들과 갈등을 피하고 부모와 아이의 의견을 일치시켜 원하는 행동을 이끌어 내기 위해 선택과 약속의 개념을 결합시키는 것이다.

6. 무시하는 것도 방법이다

투정부리는 아이를 해결하기 위해서 부모는 아이의 욕구가 무엇인지를 정확히 분석하고 그에 따라 대화를 통해 상대방의 입장을 이해시키고, 동의하게 하거나 합의를 이루어 내야 해결 할 수 있는 것이 많다. 실로 아이들의 투정을 줄이거나 없애기 위해서는 부모의 인내와 노력이 필요하다.

그러나 때로는 부모의 부단한 노력에도 불구하고 아이들의 투정을 중지시키려고 노력할수록 결과는 더욱 나빠지기도 한다. 소위 부모와 아이 간에 주도권 싸움이 이루어지기도 한다. 이런 때 부모는 더욱 좌절하게 된다.

아이들의 강한 투정은 항상 사랑스럽기만 하고, 모든 것을 시키는 대로 할 줄 알았던 아이들에 대한 배신감으로 느껴지기도 한다. 투정이 깊어지면 아이는 자신이 대화의 주도권을 잡기 위해 나름대로의 방식으로 싸우고, 부모는 부모대로 부모의 힘을 주장하기 위해 서로가 평행선을 가게 된다. 중요한 사실은 그것이 누구에게도 도움이 되지 않고, 누가 이기든 중요하지 않는 지루한 소모성 싸움이라는 것이다. 예를 들어 아이가 땅바닥에 누워서 발을 구르면서 소리를 지르고 있다고 가정하자.

아이 : 아이스크림 사 줘.

아빠 : 안 돼. 감기 걸려.

아이 : 잉 잉 잉 ~ 빨리 아이스크림 사 줘.

아빠 : 사람들 많은 데 창피하게 계속 투정부릴 거니. 혼난다.

아이 : (계속 울기만 한다)

아빠 : 알았어. 알았어. 이번 한 번만 사주는 줄 알아.

→ 이때 아빠가 아이의 그러한 행동 때문에 당황해하는 모습을 보이거나 어쩔 수 없이 사주게 된다면 그것은 그러한 행동이 가지는 힘을 증대시켜 줄 뿐이다. 이럴 때에는 경고를 하고 아이가 우는 것을 무시해야 한다. 물론 이 과정에서 부모의 마음은 찢어지게 아플 것이고, 사람이 많은 곳에서 그렇다면 창피하기까지 할 것이다. 그렇다고 해서 대충 말리다 보면 결국 아이는 지루한 싸움에서 이기게 되고 아이는 이러한 승리에 대해서 나중에도 투정을 심하게 부리면 이길 수 있다는 생각을 갖게 된다. 그렇게 되면 이제 부모는 항상 아이들의 투정을 받아 들여야만 한다.

결국 주도권을 잡기 위한 실랑이는 오랜 시간 지속될 수 있지만 소모성 투쟁에 대해서는 일정 기간 무시하는 것도 필요하다. 사람은 누구든 말리는 일은 더 하고 싶지만 하라고 하는 일에 대해서는 오히려 흥미를 잃어버리고 하지 않게 되는 경우가 많다. 따라서 대화가 통하지 않는 아이들에게는 무관심으로 일관하며 아이들이 하고자 하는 투정이 무엇이든 계속적으로 하게 함으로써 아이와의 지루한 싸움에서 벗어나기도 하고 투정을 줄일 수 있는 방법이기도 하다.

아이들의 지나친 투정에 대해서는 무관심으로 일관하여 다시는 그런 투정을 해서는 아무 것도 얻을 수 없다는 생각을 갖게 해야 한다. 그러려면 부모는 공공장소에서라도 아이가 땅바닥에 누워 몸부림치더라도 참아야한다. 이 말이 정말로 의미하는 바는 다른 사람들의 따가운 시선을 참고 견뎌야 한다는 점이다. 아이에게 그런 행동이 아무런 힘이 없다는 것을 확신시켜 주기 위해서이다. 그러면 아이들은 누군가 도와주지 않는다면 그러한 행동을 고수하지 못하게 되고 자신의 행동을 고치게 된다.

7. 싸우지 않고 고칠 수 있다

투정이 시작될 때는 가볍게 말로 할 때가 많다. 그러나 투정에 대한 부모의 반응이 마음에 들지 않게 되면 끝까지 울며 버티기 방식을 택하는 아이가 많다. 심하게는 한 시간 이상까지 울기도 한다. 부모들은 애들이 잘못될 까봐 한두번은 그냥 들어주다가도 이대로 두면 안되겠다 싶어 때로는 아이들과 기 싸움을 벌이기도 한다. 그러면 아이들은 끝까지 가려고 더 큰 소리로 울게 된다. 이럴 때 부모들은 대략 난감해진다. 결국 아이들의 투정을 없애기 위해서 기 싸움을 하는 것은 별 도움이 안된다.

투정은 아이들이 막무가내로 하는 것이지만 투정을 하는 이유가 분명히 존재한다고 하였다. 따라서 아이가 투정을 하는 이유나 원인을 잘만 분석하면 해결 방법은 있게 마련이다. 우선 상황에 따라서 아이들이 투정을 부릴 때에 부모들이 아이들을 대상으로 어떻게 교육하며 대화할 수 있을지 알아보면 다음과 같다.

아이가 잠투정을 부릴 경우 잠투정은 어린아이가 잠을 자려고 할 때나 잠이 깨었을 때 떼를 쓰며 우는 행동을 말한다. 또는 잠을 쉽게 자지 못하고 짜증을 내는 행동도 말한다. 문제는 아이의 잠투정은 부모를 힘들게 한다. 아이를 재우기 위해서 끝없이 옆에서 흔들어 주거나 재워주어야 하기 때문이다.

아이가 잠투정을 하는 데는 여러 가지 이유가 있다. 잠이 들면 부모와 멀어진다는 분리불안 때문에 깊이 잠들 때까지 계속 칭얼거릴 수 있다. 또한 낮잠을 많이 자거나 잠자는 시간, 일어나는 시간이 불규칙할 경우, 잠자리가 불편할 때도 잠투정이 심해진다. 또 아플 때, 환경변화와 심리적 스트레스 등의 이유로 일시적으로 그럴 수 있다.

일단 아이가 잠투정을 할 때는 부모가 같이 짜증을 내거나 야단을 치는 것은 전혀 효과가 없다. 아이가 불편해하는 이유를 먼저 알아보고 그에 맞게 대처하는 것이 필요하다. 아이의 불안한 심리를 없애주고 편안히 잠들도록 유도하는 것이 중요하다. 부모가 아이를 지도할 때에는 아이가 일정한 시간에 취침하고 기상하는 습관을 갖게 하는 것이 필요하지만 졸립지도 않은 아이를 억지로 특정 시간에 재우려 하지는 않아야 한다. 융통성 있게 아이가 졸릴 때 편안히 잘 수 있게 해준다. 또한 아이가 잠자기 전에 잠잘 준비를 했는지 체크한다. 다른 식구들은 TV를 보면서 아이만 자라고 하면 안 된다.

가족원 모두가 잠자리에 눕고 거실 등도 소등해야 한다. 아이의 잠자리에 부모가 같이 누워 책을 읽어주거나 이야기를 들려준다. 이때 아이에게 신체마사지를 해 주는 것도 좋다. 아이가 쉽게 잠들 수 있는 편안한 분위기를 만드는 것이 가장 중요하다. 만약 일시적으로 잠투정이 심해진 거라면 일단은 어느 정도 받아주는 것이 필요하다. 아이 나름대로는 부모에 대한 불만이나 불편을 그런 식으로 표현할 수 있다. 그럴 때는 '부모가 너를 위해서 최선을 다해 노력하고 있다. 너를 정말 많이 사랑 한다' 는 표현을 자주 한다.

장난감을 사 달라고 투정을 부릴 경우 1

아이들과 쇼핑을 하거나 장난감 가게를 지나가다 보면 아이들은 장난감을 사달라고 떼를 쓰는 경우가 많다. 심지어는 바닥에 누워서 소리소리 지르면서 우는 아이도 있다. 이런 경우 부모는 마지못해서 장난감을 사주거나 아이의 떼 쓰는 행위를 벌하기 위해서 때리는 경우를 쉽게 볼 수 있다.

아이들이 장난감을 사달라고 떼를 쓰는 이유는 TV를 보거나 매장을 지나다 호기심이 생기게 되거나, 뭔가 색다르게 느껴져 갖고 싶다는 생각이 들기 때문이다. 그러나 아이가 투정 부린다고 해서 모든 장난감을 사주면 경제적으로도 부담이 될 뿐만 아니라 아이의 투정을 더욱 조장할 뿐이다.

SBS "우리아이가 달라졌어요"에서 '장난감대왕 영서'라는 제목으로 방영된 5살 남자아이인 영서의 장난감 투정에 대한 내용을 다룬 적이 있다. 영서는 워낙 장난감을 좋아하여 밖에 나갈 때마다 투정을 부렸으며 부모는 이를 이기지 못하고 매번 장난감을 사왔다. 문제는 영서가 사온 장난감을 한 번 가지고 논 후에는 바로 싫증을 내면서 버렸다.

당연히 장난감의 사용 방법도 제대로 알기 전에 버려졌으며 그리고는 바로 또 다른 장난감을 사달라고 계속 졸랐다. 영서는 자기가 가지고 논 장난감을 치우기는 커녕 아무 곳에나 버려서 아빠는 장난감 정리하는 것만으로도 힘이 겨웠다. 영서는 집에서만 그런 것이 아니라 마트에 가서도 투정부리고 떼를 쓰는 통에 마트에서도 유명하였다.

답답했던 아빠는 급기야 방송국에 문의를 하였고 이에 아동교육의 전문가들은 영서의 투정을 고치기 위하여 다음의 조치를 하도록 제안하였다. 영서의 투정을 해결하는 방법으로 다음과 같이 하였다.

첫째, 장난감을 잘 치우거나 아빠 심부름을 하거나 착한 일을 하였을 때에 스마일 스티커를 붙일 수 있도록 표를 만든 후 스마일 스티커 5개를 모으면 상으로 장난감을 사준다고 약속을 하였다.

둘째, 장난감치우기 등 집에서의 약속을 직접 손으로 써서 잘 보이는 곳에 항상 붙여놓고 상기시켰다.

셋째, 장난감을 사달라고 투정을 부리거나 하는 등의 행동을 할 때에는 벌로 벽보고 생각하는 시간을 주고 무엇을 잘못하고 왜 자신이 투정을 부리는지에 대해서 스스로 생각하고 입으로 대답하도록 하였다.

넷째, 잘못하였을 경우 스스로 깨우쳐서 "잘못했습니다."라는 말을 스스로 아이 입으로 하도록 하였다.

아빠는 전문가의 처방대로 교육을 했고 결국 영서는 장난감을 사달라고 투정부리는 일이 줄어들게 되었다. 따라서 우리의 아이가 장난감으로 투정을 부린다면 이 방법을 한번 사용해 보길 권한다.

장난감을 사 달라고 투정을 부리는 경우 2

상점 안에서 장난감을 사달라고 누워서 발로 차면서 투정을 부리는 아이가 있다고 가정하자. 계속 울게 되면 다른 사람들에게 방해가 되니 아이를 데리고 밖으로 나온다. 필요하다면 아이의 두 손을 꽉 붙잡는다. 그러면 아이는 계속 울게 되면 분명히 자신에게 무엇인가 불리한 결과가 나올 것이라는 생각을 가지게 되어 어떻게 할까를 고민하게 된다. 꽉 잡고 몇 분 지나면 대부분의 아이들은 조용해진다. 아이가 안정을 찾고 조용해지면 투정에 대해 이유를 말하도록 한다.

• 비록 원하는 장난감을 사주지는 않더라도 부모가 그것을 진지하게 생각하고 있다는 사실을 알려주고 가능한 빨리 관심을 가능한 빨리 다른 곳으로 돌려본다.

- 엄마 : 네가 그렇게 바닥에 누워서 발로 차고 소리를 지르면 네가 원하는 것이 무엇인지를 엄마는 모르겠어. 하고 싶은 것이 있으면 말로 해야잖아. 소리를 지르면 무슨 말인지 엄마는 못 알아듣겠어. 그러니깐

조용히 얘기하면 엄마가 들어 줄게.

- 아이 : (소리 지르면서) 장난감 사달라니까 왜 안 사줘!
- 엄마 : 너무 커서 무슨 소리인지 잘 모르겠어. 조용히 말해봐.
- 아이 : (조용히) 장난감 사달라니까요.
- 엄마 : 응, 장난감 사달라는 말이구나. 이렇게 엄마가 이해하기 쉽게 다음에는 원하는 것이 있으면 제발 조용히 말해. 그런 다음 네가 뭘 원하는지 얘기해 보자.
- 아이 : 조용히 했으니깐 이제 장난감 사 주세요. 네?
- 엄마 : 오늘은 너에게 장난감을 사 줄 수가 없어. 오늘은 반찬거리를 사러 나왔잖니. 그래서 돈을 충분히 가지고 나오지 않았기 때문에 살 수가 없단다. 내일 올 때 꼭 사주도록 하마.

• 아이의 투정에 대한 요구를 들어줄 수 없을 때, 요구를 대신할 수 있는 대응 방안을 제시하여 물어 보는 것도 중요하다.

- 엄마 : 네가 원하는 장난감은 매우 위험한데 이 장난감으로 사주면 안 될까?
  네가 원하는 장난감은 너무 비싼데 엄마가 충분한 돈을 가져오지 않아서 그런데 조금 싼 것으로 하면 어떨까?

• 아이는 투정을 시작했지만 투정부리는 감정에서 벗어나고 싶어 한다. 이런 느낌이 들면 아이들을 다그치지 말고 아이를 꼭 안아주고 여전히 사랑한다고 표현하는 것이 좋다.

- 아이 : 싫지만 그냥 사줘. 다음에는 꼭 저걸로 사줘.

- 엄마 : 네가 안정을 찾으니 기쁘구나. 엄마가 안아줄까?

• 투정으로 인해 벌을 주라는 것은 아니다. 자신의 욕구를 표현하는 방법을 가르치라는 것이다. 그리고 아이가 하기 싫어했던 일을 끝마치면 약간의 보상을 허락하는 방법도 효과적이다. 적절한 대응 방안을 찾고, 아이가 그 방안에 수락을 하게 되면, 그에 따른 적절한 보상을 해 주는 것도 아이의 정서발달에 매우 중요하다.

- 엄마 : "네가 투정을 부리지 않고 참는 모습을 보니까 엄마는 너무 좋은데 엄마가 아이스크림 사줄까?

"오늘 병원 가서 무사히 주사를 맞으면 점심때 네가 좋아하는 돈가스 사줄게"

밥투정을 부릴 경우

식사 때마다 아이와 전쟁을 치르는 부모들이 많다. 부모는 밥을 먹이려고 하나 아이는 밥을 먹지 않으려 하기 때문이다. 밥투정은 아이들이 먹고 싶은 것이 다르거나 편식 때문에 생겨나는 경우가 많다. 예를 들어 밥보다는 과자나 프라이드치킨을 먹고 싶을 때나, 아이가 먹고 싶은 반찬이 없으면 밥을 안 먹는 경우를 말한다. 밥투정은 병적인 것이라기보다는 아동 발달상 자연스러운 현상이지만 부모에게는 큰 스트레스가 된다.

부모는 아이들이 밥투정 때문에 밥을 먹지 않으려고 하면 아이의 건강에 문제가 생길까 걱정이 되어 아이의 요구에 쉽게 따르게 된다. 아이는 이처럼 한두 번 부모를 이기게 되면 자신이 원하는 반찬이나 맛있는 반찬을 먹을 수 있다는 사실을 알게 되어 지속적으로 투정을 계속 부리게 된다. 따라서 우리의 아이가 밥투정을 부린다면 다음의 방법을 한번 사용해 보길 권한다.

1) 타협하지 마라

아이들이 투정을 하게 되면 부모는 당장 그 상황을 모면하기 위하여 아이들에게 타협을 하게 된다. 반찬 투정이라도 하면 부모는 그 상황을 벗어나기 위하여 "이거 먹으면 네가 좋아하는 장난감 사줄 거야. 어서 먹어라." 라고 쉽게 타협을 하게 된다. 그러나 문제는 아이들과 이러한 타협을 하게 되면 자신이 꼭 해야 할 일을 하고도 보상을 받기 때문에 자신이 해야 할 일에 대한 필요성을 느끼지 못한다는 것이다. 따라서 이런 경우 타협보다는 아이를 설득하거나 권유를 통해서 투정을 해결해야 한다. 만약 멸치를 골라내고 먹는 아이에게 "네가 멸치를 먹지 않으면 넌 뼈가 약해질 수 있어. 엄마는 네가 뼈가 부러질까봐 걱정이 돼"라는 식으로 설득을 한다.

2) 일관성을 유지해야 한다

밥을 앞에 두고 아이가 투정을 부릴 때 부모는 순간의 감정에 충실하기 쉽다. 예를 들어서 아이가 사랑스러울 때는 "우리 아이가 굶어서 어떡해" 라는 생각에 밥 대신 아이가 좋아하는 음식을 주다가도 아이가 미울 때는 갑자기 혼을 내기도 한다. 그러면 아이들에게 혼란을 줄 수 있다. 따라서 아이의 투정을 일단 해결해야 할 것인지? 아니면 혼을 낼 것인지를 결정해서 일정하게 유지하는 것이 아이들의 밥투정을 줄이는 방법이 될 것이다.

3) 뜸을 들여야 한다

부모는 아이들 밥 먹이기에 강박관념을 갖고 있다. 아이가 밥을 안 먹으면 금방이라도 쓰러지거나 성장기에 성장이 제대로 되지 않는다고 생각하기 쉽다. 따라서 부모는 아이가 밥 먹는 것에 대하여 예민하게 반응하게 된다. 아이는 부모가 자신이 밥을 먹지 않으면 무엇이든 들어줄 것이라고 생각하고 밥투정으로 불만을 표출하는 수단으로 삼고 힘겨루기를 한다. 그래서 부모가 아이의 밥투정에 대해 집중하면 할수록 아이는 반대로 행동하기 쉬워서 문제해결이 더 어려워진다.

따라서 아이에게 '잘 먹여야 한다'라는 욕심을 버리고 '한두 끼 안 먹어도 생명에는 지장이 없어'라고 편하게 생각하며 조급함을 버리는 자세가 필요하다. 결국 아이는 부모가 자기가 밥을 먹지 않아도 아무 이상이 없다는 것을 깨닫게 되고 결국 본인만 배가 고파져서 손해라는 것을 경험하게 되면 밥투정을 하지 않게 된다.

4) 좋아하는 일을 못하게 하라

투정하는 아이에게 이런 식 저런 식으로 해도 잘 안된다면 마지막으로 할 수 있는 방법은 아이가 좋아하는 일을 금지시키는 것이다. 예를 들어서 반찬 투정을 부리면서 밥을 안먹으면 "너 반찬 투정을 하고 밥을 먹지 않는다면 네가 좋아하는 만화를 못보게 한다."라고 아이에게 말해보자. 아이는 자기가 하고 싶은 일을 못하게 하면 처음에는 충격을 받아서 더욱 투정이 심해질 수 있을 것이다. 부모 입장에서 참기 어려운 아픔이 있겠지만 이런 교육과정을 통해 모든 일이 자신의 뜻대로만 되지 않는다는 생각을 하고 자신이 지켜야 할 일을 분별할 수 있게 될 것이다.

Ⅸ. 게임중독 치료하기

지나치게 게임에 몰두하여 일상생활에 심각한 장애가 발생하는 경우를 게임 중독이라 말한다. 또한 과도하게 PC게임이나 인터넷 검색을 하면서 발생하는 중독을 인터넷중독이라고 한다. 게임 중독에 걸리는 확률은 2~15% 정도로 파악되며, 남녀 성비는 남성이 여성보다 많다고 보고되고 있는데 이는 게임을 남자가 여자보다 더 많이 하기 때문이다. 게임중독에 걸린 아이를 둔 부모는 아이들과 심각한 갈등을 겪기도 한다.

1. 피할 수 없는 유혹, 게임

컴퓨터를 이용한 생활이 보편화되다 보니 컴퓨터는 우리에게 다양한 편리함도 주지만 한편으로는 부정적인 면도 적지 않다. 그중에서도 아이들의 컴퓨터 게임은 대표적으로 사람들에게 흥미와 즐거움을 준다는 긍정적인 면도 있지만 중독성이 강하다는 단점을 가지고 있다.

게임에 대한 연구 결과를 종합해보면 아이들이 게임을 처음 접하게 되는 경로가 주로 형제 및 자매, 어머니, 아버지, 친척, 친구들을 통해 맨 처음 게임을 배웠고 이들과 함께 주로 컴퓨터게임을 하는 것으로 나타났다.

아이들은 컴퓨터게임을 일주일에 1~2번, 컴퓨터게임 1회 지속시간은 1시간 미만이 가장 높게 나타났고, 컴퓨터게임에 중독된 수준은 낮은 편이며 어머니들은 유아의 컴퓨터게임을 어느 정도는 통제하고 있는 것으로 나타났다.

아이가 좋아하는 컴퓨터게임 내용으로는 교육 및 학습내용게임이 가장 높게 나타났고, 재미와 흥미가 있어서 컴퓨터게임을 좋아하며 CD-ROM 게임보다는 인터넷 온라인게임을 선호하는 것으로 나타났다.

따라서 적당한 게임은 부모와의 의사소통을 단절시켜 관계를 더욱 악화시키며 게임중독이 사회문제로 대두되고 있다. 얼마 전에는 초등학생이 게임 때문에 2천여 만 원의 돈을 집에서 훔쳐 나와 게임방을 전전하다가 부모의 손에 넘겨진 사건도 있었다.

이러한 문제가 발생하는 이유는 첫째, 요즘의 모든 게임들이 놀이로 간단히 끝나게 하는 것이 아니라 놀음으로 몰고 가도록 에너지, 점수, 더 높은 능력과 같은 중독이 강한 매력으로 유인하기 때문에 한번 게임에 빠지면 정상적인 생활을 어렵게 만든다.

둘째, 게임에서 적을 때리고, 부수고 죽이는 행위를 반복하다보면 자신도 모르게 폭력물에 내성이 생겨 아이는 더욱 강한 자극을 원하게 된다. 그러다 더 강한 자극을 주지 않으면 스스로 불안해지고 초조해진다는 연구결과는 이미 잘 알려진 이야기이며, 실제로 게임에서 이루어지는 대로 잔인한 폭력을 행사하는 일들이 많이 발생하고 있기도 하다. 이러한 공격적인 성향은 게임을 어렸을 때 시작할수록 훨씬 많이 보인다는 것도 문제가 된다.

셋째, 아이가 가상세계에서만 살다보면 자신의 위치를 망각하게 될 뿐만 아니라 현실도피적 성격이 형성되며, 부모와의 대화 단절은 물론 또래집단과의 대인관계에도 문제가 생긴다. 또 현실감각이 떨어져서 실제 생활에서의 적응에도 심각한 손상을 입을 수 있다.

넷째로, 청소년들의 신체적인 건강에도 악영향을 끼친다. 가만히 앉아서 오랫동안 게임을 하게 되면, 시력이나 어깨, 손목 같은 것에 문제가 생기며, 또한 수면부족, 불면증 등을 유발시키기도 한다. 심한 경우 쇼크사까지 갈 수 있다.

인터넷, 게임, 스마트폰에 집착하는 아이는 이미 자기 통제력이 없어 중독 가능성이 높은 것으로 보아 하루 빨리 자기 통제력을 길러 주어야 한다. 강제로 못하게 하는 것은 예방조치가 아니다. 오히려 부모의 감시를 벗어나 틈만 나면 게임을 하려는 열망과 욕구만 더 크게 키워 PC방으로 가게 한다.

자기 통제력이 없는 아이는 자신의 꿈을 이루지 못하는 것은 물론 자기 욕망통제를 하지 못함으로써 앞으로 많은 문제점을 보일수 있으며 청소년 문제로 이어질 가능성이 아주 높다.

2. 게임을 대하는 부모의 자세

게임 중독에 빠져 게임에 몰두하는 아이들은 게임으로부터 독립할 수 있도록 해 주어야 건강한 생활을 할 수 있다. 결국 게임에 몰두하는 아이를 정상적으로 돌리려면 대화가 가장 중요하다고 할 수 있다.

게임하는 아이를 위한 대화법은 게임 때문에 단절된 소통문제를 해소시켜 줄 뿐만 아니라, 게임으로 인한 교육, 인성, 신체건강 등의 2차적 문제도 예방할 수 있는 가장 효과적인 해결 방법이 될 것이다. 결론은 게임을 줄이는 방법은 아이에게 게임을 못하게 하는 것이 핵심적인 문제가 아니라 대화로 해결해야 한다는 것이다. 사랑이 없는 집안에서는 게임 문제가 심각하게 생각되겠지만 사랑이 있는 집안에서는 그 모든 어려움들이 부모와 아이 간에 대화로 해결될 수 있기 때문이다.

게임을 좋아하는 아이를 둔 부모는 게임을 멈추기 하기 위해서 아이와 처절한 투쟁을 하게 된다. 그래서 아이가 컴퓨터를 더 이상 못하도록 거실에 내놓거나 키보드를 감추기도 한다. 그러나 아이는 집을 나가서 컴퓨터가 있는 모든 곳 즉 게임방, 친구 집, 학교 등에서도 게임에 몰두한다. 말릴수록 더욱 하고 싶기 때문이다. 결국 게임을 멈추게 위해서 부모는 무조건 반대만 해서는 안되고 힘들지만 대화로 풀어가야 한다.

아이의 게임을 멈추게 하기 위해서는 먼저 대화를 할 수 있는 계기가 마련되어야 한다. 그러나 게임에 빠진 아이일수록 부모와의 대화를 하지 않으려고 하기 때문에 우선은 대화를 시작하는 것이 중요하다. 게임에 빠진 아이와 대화로 문제를 풀어가기 위해서는 아이가 하고 있는 게임을 정확히 알아야 한다. "왜! 우리 아이가 게임을 몰두하고 있는지?", "어떤 게임을 좋아하는지"를 알게 되면 아이와 우선은 대화가 통하게 된다.

K부부는 맞벌이 교사인데 아빠만 집에 돌아오면 아빠의 스마트폰을 뺏어서 게임을 시작하였다. 결국은 게임중독으로 밥도 먹지 않고 오로지 게임에만 몰두하여 건강에도 문제가 생겨났다. 그래서 처음에는 위협과 체벌까지 했지만 아이의 행동에는 변화가 없었다.

같이 게임을 하는 것도 방법

결국 별의 별 방법을 동원했지만 아들의 행동에는 변화가 없었을 뿐만 아니라 대화마저도 단절이 되었다. 결국 아빠는 이 문제를 해결하기 위해서는 아들과 진정한 대화를 다시 시작해야 한다고 생각했고 그러기 위해서는 아들이 하는 게임에 대하여 정확히 알아야 한다는 생각에 아이가 좋아하는 게임을 직접 경험하기로 하였다. K씨는 아이가 좋아하는 게임의 내용, 방법, 규칙, 사용키, 스킬, 맵 등을 나름대로 공부했으나 모르는 것들이 생기자 아들에게 도움을 요청했다. 그랬더니 아이는 자신있게 게임에 대한 지도를 하고 급기야는 아들과 함께 게임을 하게 되었다.

K씨는 이처럼 게임을 통해서 아들과 대화를 시작하였고 게임에 대하여 서로의 마음을 털어 놓고 이야기를 하다 보니 아이가 필요한 것이 무엇인지?, 왜 좋은지를 알게 되었다. 결국 아빠는 게임에 몰두하는 아이의 마음을 이해하게 되었고, 아들은 아빠가 진심으로 자신을 걱정해 주는 것이라는 것을 알게 되었다. 나중에 K씨와 아들은 서로 내기를 할 정도가 되었고, 내기를 해서 지는 사람이 이긴 사람의 부탁을 들어주자는 제안을 하게 되었으며, K씨가 이기게 되어 게임을 줄여가도록 아이를 이끌었다.

이처럼 아이가 좋아하는 게임에 대해 이해하고 아이와 게임을 하기 위해서는 많은 시간이 소요된다. 하지만 이 방법은 아이들을 이해하게도 하지만 게임을 줄일 수 있는 효과적인 방법이기도 하다.

3. 게임 탈출, 방법은 있다

게임은 아이가 할 수 있는 다른 어떤 것보다 보편적이고 쉽게 접할 수 있는 여가 선용 방법이거나 스트레스를 풀어주는 것이다. 게임은 아이에게 흥미와 재미를 주며, 혼자 할 수 있는 게임부터 친구들과 함께 할 수 있는 게임까지 다양한 종류가 있으며 중독성이 있어서 아이들이 많은 시간을 보내는데 사용된다. 하지만 아이들이 게임중독에서 탈출하게 하는 방법은 있다. 게임보다 즐거운 것을 주면 된다.

게임할 때의 단점을 인식하게 한다

게임을 하고 있는 아이가 스스로 게임할 때의 단점에 대해서 생각해보는 것도 게임을 줄이는데 도움이 된다.

게임할 때의 단점을 인식하게 하는 방법은 부모는 아이와 대화를 할 때 아이가 게임을 함으로써 잃어가는 것이 무엇인지를 생각하게 한다. 아이가 자기의 상황에 대해 잘 모르고 있으므로 아이를 관찰한 결과를 보여 주는 것도 좋은 방법이다. 아이가 게임을 하고 있는 모습을 동영상으로 촬영을 하여 보여줄 수도 있고, 아이가 게임하는 시간을 매번 적어서 통계적 수치로 제시할 수도 있다. 또한 게임을 하는 동안에 하지 못한 것들의 목록을 적는 것도 한 방법이다.

아이와 대화를 통해서 게임을 하면 얻는 것 못지않게 또는 비교할 수 없을 정도로 잃는 것이 많다는 것을 느낀다면 게임에서 얻는 것을 다른 방법으로 얻을 수는 없는지 가능한 모든 방법을 강구하게 해야 한다. 여기서 아이가 왜 게임의 시간을 줄여야 하는지를 스스로 깨닫게 한다. 게임을 하지 말라고 윽박지르기 보다 아이가 스스로 깨닫는 것이 더 효과적인 방법이다.

Tip <게임의 단점을 인식하게 하는 대화>

- "게임을 왜 하지?"
- "게임하면 어떤 점이 좋니? 그것보다 좋은 것은 무엇이니?"
- "계속 게임을 하면 어찌될 거 같아."
- "만약에 게임만 하다 다른 일을 못하게 되면 엄마는 뭐라고 할까?"

→ 대화를 할 때 일방적으로 게임을 못하게 하는 것이 아니라 스스로 게임의 문제점을 인식해서 스스로 자제하도록 하는 것이 좋다.

게임을 대체할 수 있는 취미를 키워준다

아이에게 있어 게임은 가장 강력한 유혹이라는 것을 알 수 있다. 그렇기에 부모가 아무리 단점을 말해도 아이는 게임에서 얻는 것들을 모두 포기할 수는 없다. 따라서 아이가 컴퓨터 게임에서 벗어나게 하려면 컴퓨터 게임이 주는 재미나 흥미와 같거나 그보다 더 큰 즐거움이나 흥미를 줄 수 있는 다른 활동을 찾고 개발해야 한다. 그러나 부모가 이를 종용하기 보다는 아이 스스로 고르게 하는 것이 좋다. 이러한 대체 활동으로는 아이가 평소에 하고 싶었던 취미생활이나 신체활동을 권해 보는 것이 좋다.

실제로 은석이는 초등학교 2학년 때부터 게임 중독이다 싶을 정도로 게임만 하며 지냈다. 아빠와 형은 나름대로 각자의 생활에 바빴기 때문에 낮에 혼자 집을 보던 동생은 게임을 해도 방해할 사람이 없었던 것이다. 증상이 심하다고 생각한 아빠는 저녁에 잔소리를 하고, 스스로 시간표를 적게 해 보았지만 잘 지켜지지 않았었다.

보다 못한 아빠는 예전에 은석이가 기타를 배우고 싶다는 이야기를 들은 적이 있어서 혹시나 기타를 사다주면 은석이가 게임에서 벗어날지도 모른다는 생각에 악기점에 가서 기타를 사다 주었다. 새로운 관심사가 생긴 은석이는 그 때부터 기타를 배우기 위해 기타 학원을 다니고, 인터넷에서 악보를 수집하기 시작했다. 은석이가 게임을 하던 시간에는 기타 연습을 하였고, 그 결과 은석이네 가족은 매일 밤이 되면 아빠가 없던 낮 동안에 기타 연습한 은석이의 연주곡을 한 곡씩 들어야 했다. 이제 가족 모임에서 은석이는 기타를 들고 연주하는 것이 관례가 되었다.

은석이의 경우처럼 게임에 심하게 빠졌지만 결국 게임을 대체할 수 있는 기타를 사줌으로 인해서 기타 연주에 관심을 갖게 되었을 뿐만 아니라 특기가 될 정도가 되었다.

아이의 컴퓨터 게임 중독을 예방하기 위해서 컴퓨터 사용 초기부터 무엇보다 시간제한을 두는 것이 중요하지만 강압적인 방식으로 통제하기보다는 이렇게 흥미 있는 운동 등 다른 활동으로 유도함으로써 컴퓨터 사용 시간을 조금씩 줄여나가는 것이 좋다. 도움이 되는 운동으로는 배우면서 실력이 늘어 가는 것을 곧바로 확인할 수 있는 수영과 같은 운동이 바람직하다.

가족이 함께 할 수 있는 게임을 한다

아이는 게임을 하면서 혼자 하는 생활에 익숙해지게 된다. 게임을 하면서 자신의 세계를 가지게 되고 현실생활에서도 멀어지게 됨은 물론 부모와도 대화가 단절되게 된다. 따라서 이러한 아이에게는 부모와 대화할 수 있는 기회도 늘리고 현실생활에 적응하게 하기 위해서는 온 가족이 참여할 수 있는 게임을 같이 해보는 것도 좋은 방법이다.

예를 들면 보드 게임, 도미노 게임, 카드 게임, 블록 쌓기 등을 가족과 함께 해보는 것이 좋다. 보드 게임은 2인용, 4인용, 단체용 등 다양하고, 온 가족이 함께 할 수 있고 컴퓨터 게임만큼 재미있다. 도미노 게임은 도미노 조각을 세워서 한꺼번에 쓰러뜨리는 가족 화합을 이루는 데 매우 효과적이다. 함께 세우고 함께 멋지게 쓰러뜨리는 과정을 거치면서 성취감과 가족의 화목을 도모할 수 있다.

카드게임은 장소에 크게 구애받지 않고, 게임 세팅에 필요한 시간이 거의 없는 관계로 어디서든 2명 이상만 모이면 쉽게 할 수 있다는 것이다. 블록 쌓기는 아이들의 창의력과 사고력, 상상력이 커질 뿐만 아니라 신체 발달에 도움을 주며 가족 간에 하게 되면 가족 공동의 힘으로 구조물을 만들고 그것이 완성되었을 때에 기쁨, 만족감, 성취감을 느낄 수 있어서 좋다.

가족이 함께 가정에서 게임을 하나 두고 모여 앉았다면, 사람과 사람이 대면하고 있고, 승부를 위해 노력하는 아이들의 근성을 보며 새로운 면모를 발견할 수 있게 될 것이다. 또한 그동안 위엄과 격식으로 둘러싸인 아빠의 모습 대신 한명의 플레이어로 아빠를 볼 수 있다는 것에서 아이들에게는 신나고 반가운 경험이 된다.

이는 항상 어른의 입장에서 피보호자인 아이들에게 으름장 놓는 아빠와 아이의 입장에서 나오는 대화와는 다른 새로운 대화의 장이 열리게 되는 것이다. 가족 게임을 권장하는 전문가들의 공통된 이야기는 바로 이것이다. 마음을 열 수 있는 부담 없는 이야기로부터 대화를 시작할 수 있도록 도와주는 가족 간의 게임은 새로운 가족 놀이 문화로 컴퓨터 게임에 빠진 아이를 구해 주는 역할을 톡톡히 하게 될 것이다.

질리도록 게임을 하게 한다

이 방법은 앞에 제시한 게임을 줄이는 방법들이 잘 이루어지지 않을 때 사용하는 마지막 방법이다. 여러 가지 방법을 사용해 보았지만 특별히 차이가 없다면 다른 일을 하지 말고 오로지 컴퓨터 게임에만 몰두하는 시간을 갖도록 너그럽게 허용해 주는 것도 좋다. 아무리 재미있는 일도 실컷 하고 나면 지겨워지는 법이다.

실제로 초등학교 고학년쯤 되면 아무리 컴퓨터 게임을 좋아했던 아이라도 컴퓨터 게임만 하도록 내버려두면 중학생이 되면 재미없어 하게 된다. 이때는 부모가 아이들이 밤새도록 게임을 해 학교 가서 졸더라도 모르는 척하고 내버려두면 아이들은 스스로 게임이 재미없는 것이라는 생각을 갖게 된다. 하지만 만약 부모가 컴퓨터 게임을 심하게 함으로 인해서 아이를 걱정하는 말을 하게 되면 아이는 다시 게임에 열중할 수도 있다. 따라서 아이가 컴퓨터 게임에 질려 스스로 그만두게 하려면 "공부하기 싫으면 안 해도 좋으니 네 마음대로 컴퓨터 게임을 해봐라."라는 담담한 태도가 오히려 아이에게 스스로를 생각하는 기회를 갖게 하고 이렇게 해서는 무언가 일이 잘못될 거 같다는 생각을 가지게 되어 게임에 대한 싫증이 나게 마련이다.

4. 게임 시간을 약속하자

아동교육을 연구하는 분들은 컴퓨터 게임을 줄이는 방법으로 아이들과 게임을 하는 시간을 엄격하게 제한해야 한다고 한다. 아이에게 일정하게 게임을 하는 시간을 정해 주고 그 시간은 엄수하도록 하고 주어진 시간을 넘기면 사용하지 못하도록 하는 것이다. 구체적인 실천 방법은 다음과 같다.

게임 활동 시간에 대한 주간 일정표를 작성한다

무조건 컴퓨터 사용 시간을 줄이려고 하지 말고 합리적인 목표를 설정한다. 예를 들어 주당 30시간 게임을 하였다면 20시간 정도로 줄이는 것을 목표로 잡아야 한다. 게임 활동이 가능한 요일, 한번 할 때 가능한 시간, 약속을 지키지 못했을 때의 벌칙 등을 아이와 타협하여 결정한다.

결정한 뒤에는 계약서를 작성하고 사인을 하여 각자 하나씩 보관한다. 컴퓨터를 사용할 때 잘 보이는 곳에 하나를 더 부착해 놓으면 게임을 할 때마다 상기가 돼서 효과적이다. 이후로 게임 활동을 지속적으로 제한해 나가되, 합리적이고 일관된 태도가 필요하다. 조금이라도 긍정적인 변화가 발견되면 칭찬하거나 그 외의 방법(예, 물질적 보상)으로 보상을 해 줄 수 있다.

'컴퓨터 사용 포인트제'를 실시한다

컴퓨터를 사용하기 위해서는 포인트를 얻어서 그 포인트로 컴퓨터를 사용하게 하는 방법이다. 예를 들어 아이가 책 한 권을 읽을 때마다 1point씩 주고, 이 1point는 컴퓨터를 1시간 동안 사용할 수 있는 점수로 대체하게 한다. 그러면 아이는 컴퓨터를 사용하려면 책 1권을 꼭 읽어야만 하는 것이다. 책을 읽고 나면 독서록에 기록도 남겨두어야 하는데 이를 지키지 않으면 포인트가 있어도 컴퓨터를 사용할 수 없게 한다. 또한 아이가 착한 일을 하면 포인트를 준다. 여기서 착한 일은 공부를 포함하여 독서, 운동, 일 돕기, 동생 돌보기, 심부름 등 광범위하게 설정할 수 있다.

'컴퓨터 사용 테스트제'를 실시한다

아이에게 학습 문제를 내준 후 일정 점수 이상의 성적을 거두어야만 컴퓨터를 사용할 수 있게 하는 방법이다. 아이는 컴퓨터를 사용하기 위해 테스트를 통해 일정 점수 이상을 받아야 하고 그러기 위해서는 공부를 열심히 하지 않을 수 없는 것이다. 아이에게 컴퓨터 사용의 규칙을 지키게 하면서 공부도 하게 할 수 있는 일석이조의 방법이다. 이는 무조건 잔소리하고 야단치는 것보다 합리적인 방법으로 아이에게 더욱 설득력 있게 다가갈 수 있다.

하지만 컴퓨터 게임 중독을 물리칠 수 있는 가장 본질적이고 중요한 핵심은 아이의 의지이다. 따라서 아이에게 컴퓨터 게임 중독증의 폐해를 설명해 주고 의지를 갖고 실천하도록 도와주는 것이 필요하다.

〈아이의 게임중독의 문제점〉

1. 가상과 현실의 구분이 어렵다.
2. 폭력 및 공격 성향이 커진다.
3. 매체 의존성이 강화된다.
4. 충동적 행동이 생긴다.
5. 사회부적응 현상이 생긴다.
6. 게임에서의 대리 만족에 의한 현실적 공허감이 생긴다.
7. 가족과의 대화가 단절된다.
8. 학습에 장애가 된다.

〈컴퓨터 게임 중독증 진단 예시〉

1. 공부 외에 게임으로 보내는 시간이 하루 3시간을 넘는다.
2. 일주일에 두 번 이상 게임에 몰두한다.
3. 한번 시작하면 새벽 2~3시까지 컴퓨터 게임에 빠진다.
4. 하루라도 게임을 하지 않으면 불안하고 초조하다.

〈아이의 올바른 컴퓨터 사용을 위해 부모가 할 일〉

1. 컴퓨터는 가족이 공유하는 장소에 놓는다.
2. 아이들과 함께 적절한 사용 규칙과 가이드라인을 정한다.
3. 개인 정보를 함부로 공개하지 않도록 각별히 주의시킨다.
4. 아이들이 온라인에서 즐기는 것들에 대해 자주 대화한다.
5. 규칙을 어기면 사용시간을 통제한다.

X. 왕따 해결하기

'왕따'는 이제 새삼스러운 단어가 아니다. 사전에까지 올라 있으니 공식적인 말이 된 것이다. 이 말이 널리 쓰이게 된 것은 이른바 '집단 따돌림' 현상이 너무나 심각하여 사회적인 문제로 대두되었기 때문이다.

왕따를 당하는 사람들, 특히 학생들의 경우 극심한 정신적 고통을 경험하며 등교를 거부하거나 극단적으로는 자살을 시도하는 경우도 있기 때문에, 왕따는 심각한 사회 문제로 인식되고 있다. 왕따는 일본의 '이지메'와 유사한 사회적 현상이다.

1. 왕따란 무엇인가?

왕따는 '집단 따돌림'을 가리키는 말이다. 1995년에 '왕따돌림'이라는 말에서 '왕'과 '따'만 취한 어형이다. 당시 '매우, 진짜, 엄청'의 의미로 단어 앞에 '왕~'이라는 말을 덧붙이는 것이 유행했는데, 당시의 유행에 따라 '집단적으로 엄청나게 따돌림을 당한다'는 의미로 왕따가 사용되었다. 그런데 실제 '왕따'는 '심한 따돌림'이 아니라 '집단 따돌림'이라는 의미로 쓰인다.

일본에서는 한참 이지메가 문제가 되었다. 이지메는 일본 사회의 특징인 획일주의와 집단주의를 배경으로 집단 속에서 튀는 행동을 하는 사람들에게 가해지는 폭력이었다. 일본의 이지메는 1990년 후반 이후 우리의 학교 사회에 들어와 확산되었다. 일본의 '이지메' 현상을 우리 학생들은 재빠르게 '왕따'라는 은어를 만들어 표현했다. 이 말을 인천에 있는 모 여학교에서 최초로 만들어 썼고, 처음에는 그저 친구들끼리 대화하는 도중에 말귀를 잘 알아듣지 못하고 뒷북치는 어리벙벙한 친구의 애칭 정도로 썼다고 한다. 그러나 점차 집단 속에서 튀는 행동을 하는 사람들에게 주로 불러져 왔다.

분명한 점은 '왕따'라는 말은 학생들이 만든 은어라는 것, 지금은 급속도로 퍼져서 은어적 성격에서 벗어나 유행어가 되어 있다는 것이다. 그리고 왕따는 학교 사회에서 일반 사회로까지 퍼져 널리 쓰이고 있다.

청소년들에게 있어 왕따는 결국 학교 안이나 또래 집단에서 무리를 지어 특정인을 소외시키고 반복적으로 인격을 무시하거나 신체적 폭력을 가하는 일체의 행위를 말한다. 학교에서 왕따가 발생하는 이유는 차이와 다양성을 받아들이지 못하기 때문이다.

왕따를 표현하는 단어는 경우에 따라 다르게 불린다. 예를 들면 전교생이 따돌리는 왕따나 전학 온 아이를 따돌리는 것은 '전따'라고 한다. 그리고 반에서 따돌리는 경우는 '반따', 은근히 따돌림을 당하는 경우는 '은따', 심하게 따돌림을 당하는 경우는 '진따', 개인적인 따돌리는 것을 '개따', 금방 따돌리는 것을 금따, 대놓고 따돌리는 것을 '대따', '따돌이'는 따돌림을 당하는 남학생을, '따순이'는 따돌림을 당하는 여학생을, 피해 학생을 무시하는 행동을 '쌩까'라고 구분해서 부른다.

최근에 와서는 집단 따돌림 현상이 청소년들 사이에서 큰 문제가 되고 있으며 피해 당사자의 자살, 가해학생의 구속, 피해학생의 부모가 학교와 교육청에 손해배상을 청구하는 등 사회문제로까지 번지고 있다. 즉, 현재 학교에 자녀를 보내는 부모나 학생들 대다수가 학교생활에서 가장 바라는 것이 '왕따 당하지 않는 것'이라고 할 정도로 대다수의 학생에게 영향을 미치는 현상이 되었다.

한국 청소년개발원은 '집단따돌림'을 "학교에서 다수의 학생들이 특정 학생을 대상으로 2주 이상의 기간에 걸쳐 심리·언어적 폭력, 금품갈취 및 괴롭힘과 신체에 위해를 가하는 행위"라고 정의했다.

이러한 집단따돌림은 소위 왕따라고 불리는 특정 학생이 주변의 힘센 다수의 학생에게 일방적으로 상해를 당하는 병리적 현상을 말한다. 즉, 괴롭힘이 한 번의 공격행동이기보다는 반복적이고 지속적으로 일어나는 경우를 지칭한다. 힘의 불균형이 존재하고 약자에 대한 강력한 공격이 가해지는 경우이다. 이는 서로 같이 놀릴 수 있거나 피해자가 대응을 할 수 있는 상황이 아니라는 것이다. 즉, 집단 따돌림은 피해자보다 가해자가 사회적, 신체적 힘이 우월한 상태에서 발생하는 것이므로 가해자 혼자서 대처하기는 불가능하다.

2. 왕따의 특징

왕따는 학생들이 왕따를 당하고 있으며, 그로 인해서 얻는 피해도 크기 때문에 심각한 문제로 등장하고 있다. 지금까지 보고된 각종 왕따 관련 설문조사 결과를 보면 자신이 친구들로부터 왕따 즉 따돌림을 당하고 있다고 응답한 학생이 10% 내외로 나타났다. 전반적으로 중학생이 고등학생 보다 높게 나왔다. 반대로 자신이 다른 친구를 따돌림을 시킨 경험이 있는 학생이 15% 내외로 나타났다. 따돌림을 시킨 학생은 여학생보다 남학생이 많게 나타났다. 이러한 실태는 외국의 실태와 비슷하게 나타나고 있다.

그러나 대부분의 설문조사가 학생들 스스로 따돌림을 창피한 것으로 생각하여 정직하게 답하지 않았을 것이란 것을 감안한다면, 훨씬 많은 학생들이 따돌림을 당하고 있을 것으로 추정할 수 있다.

현재 이루어지고 있는 왕따의 특징을 보면 다음과 같다.

첫째, 집요하게 이루어진다. 왕따가 시작되면 가해학생들이 끈질기게 피해학생을 괴롭히고 소외시킴으로써 심하면 자살에 이르도록 만들기도 한다.

둘째, 따돌림의 형태나 수법이 은밀하게 이루어진다. 왕따에 대해 사회적 관심이 많기 때문에 은밀히 이루어져 교사가 쉽게 눈치 채지 못하는 경우가 대부분이다.

셋째, 점차 집단화의 정도가 심화된다. 대부분의 따돌림은 학생들이 집단적으로 하기 때문에 피해학생을 더욱 고독하게 만든다.

넷째, 가해학생들이 별 죄의식 없이 한다는 것이다. 따돌림에 동조하는 학생들은 별다른 죄책감 없이 가벼운 장난으로 여기는 경우가 많다.

다섯째, 장애아나 지체부자유아와 같이 전혀 저항할 힘이 없는 대상에게

도 이루어진다. 그리고 따돌림의 정도가 매우 잔인하다.

여섯째, 왕따를 당하는 학생들은 교사 등 어른들로부터 적절히 보호를 받지 못하고 있다. 신고하거나 알려지게 되면 더 큰 피해를 입을 수 있다고 생각하기 때문에 은밀히 알려지지 않는 경우가 많다.

일곱째, 따돌림은 주로 교실 내의 동급생 사이에서 많이 발생한다. 가해자들은 한두 명의 주동 학생들을 추종하는 일부 학생들로 구성된다.

여덟째, 따돌림이 주로 일어나는 시간대는 교사의 지도감독이 없는 쉬는 시간이나 점심시간, 청소시간에 이루어진다. 간혹 수업 시간 중에도 따돌림 현상이 일어나기도 하는데, 피해학생이 책을 읽거나 발표를 할 때 피해학생에게 야유나 조롱을 보내고 비웃는 행동으로 나타나기도 한다.

아홉째, 왕따의 장소는 화장실이나 교실 뒤편 같이 교사의 지도 감독이 미치지 못하는 공간에서 자주 일어난다. 그 외에 체육 수업과 같이 운동장을 활용하는 수업 중이나 피해학생이 등교 때나 하교할 때에는 더 노골적인 괴롭힘이 발생한다.

3. 왕따의 가해 양상과 증상

지금까지 나와 있는 왕따의 가해 양상을 보면 신체적 괴롭힘, 언어적 괴롭힘, 인격적 괴롭힘, 폭력적 괴롭힘 등으로 나타난다. 이를 자세히 보면 다음과 같이 분류할 수 있다.

구분	내용
신체적 괴롭힘	주먹질하기, 발로 차기, 침 뱉기, 지우개 던지기, 연필이나 볼펜으로 찌르기, 무릎 꿇게 하기, 돌아가면서 때리기, 옷에 낙서하기, 옷 찢기, 피해학생의 물건이나 신체를 툭툭 건드리거나 치고 지나가기
언어적 괴롭힘	욕하기, 싫어하는 별명 부르거나 말로 놀리기, 빈정거리기, 면박이나 핀잔주기, 휴대폰 문자로 욕이나 비난하기, 메신저에 들어오게 해 놓고 무시하거나 욕설하기
인격적 괴롭힘	물어봐도 대답하지도 않고 쳐다보지도 않기, 상대를 하지 않거나, 사사건건 시비를 걸기, 약 올리기, 여러 사람 앞에서 무시하고 창피를 주기
간접적 괴롭힘	나쁜 소문내기, 눈 흘기기, 째려보기, 빙 둘러서 다니기, 위협적인 몸짓하기, 도시락 같이 안 먹기, 같이 놀지 않기, 물건 감추기, 전혀 말을 걸지 않거나 상대하지 않기, 사사건건 시비를 걸고 약을 올리기, 물어봐도 대답하지 않고 쳐다보지도 않기, 과잉친절로 불안하게 하기

왕따를 당한 학생들의 증상을 보면 다음과 같다.

- 가장 먼저 나타나는 현상은 학교에 잘 다니던 아이가 갑자기 학교에 가는 것을 꺼리게 된다.
- 갑자기 밤에 악몽을 꾸거나 몸이 아프다고 하는데, 특히 머리와 배가 아프다고 호소한다.
- 정서적으로 종종 비참한 기분을 느끼고 사람을 기피하려고 한다.
- 자신이 뭔가 잘못되었다는 느낌을 가지면서 부모의 눈치를 보게 된다.
- 집중력이 손상되고, 정신이 나가 있는 것처럼 보인다.
- 예전에 비해서 성적이 떨어진다.

- 자신감과 자기존중감이 저하된다.
- 부모나 교사에 대한 신뢰감도 잃게 되고 점차 대화를 줄인다.
- 성인이 되어서도 자신감이나 대인관계에 어려움을 보일 가능성이 높다.

왕따의 가해자는 일반적으로 인기가 평균 수준이거나 그 이상인 경우가 많은데, 이는 아이들에게 있어서 자기가 못하는 것을 대신해주기 때문이다. 초등학교 단계에서는 주로 언어적, 인격적, 간접적인 괴롭힘이 많지만 중학교로 가면 폭력적 괴롭힘이 많아진다. 초등학교에서는 왕따의 가해자가 인기가 어느 정도는 있지만 중학교에서 폭력적인 괴롭힘을 하게 되면 인기는 떨어지는 편이다.

4. 왕따의 원인

왕따는 사람이 사는 곳이라면 언제 어디서나 있다. 하다못해 동물 사회에서도 발생하고 있다. 더욱이 지능이 높은 인간에게 있어 왕따는 자연스러운 일일 것이다. 그러나 왕따가 자연스러운 일이라고 받아들이기에는 피해자에게 주는 고통이 너무 크며 심각한 문제를 가져오기도 한다. 따라서 왕따 문제를 해결하기 위한 노력이 있어야 할 것이다. 왕따 문제를 해결하기 위해서는 왕따가 생기는 원인을 알아야 그에 맞는 대처를 할 수 있다. 왕따가 생기는 원인을 보면 크게 가해자 부모의 과잉보호, 피해자의 기질, 처벌위주의 양육태도, 경쟁위주의 학벌지상주의로 나누어 볼 수 있다.

부모의 과잉보호

왕따 피해자들의 공통적인 특징을 보면 부모가 아이들을 과잉보호하는 경향이 있다는 것이다. 과잉보호는 결국 아이를 어린아이처럼 행동하게 하거나 자기중심적으로 학교에서 생활하게 만들어 이를 싫어하거나 미워하는 가해자들로부터 왕따를 당할 확률이 매우 높다.

부모의 과잉보호로 인해서 왕따를 당하는 아이들의 특징을 보면 특히 자신이 최고인 것처럼 잘난 척하고 다른 친구들을 무시하는 아이, 툭하면 별것도 아닌 것을 선생님이나 엄마에게 고자질을 잘하는 아이, 이 친구 저 친구에게 귀찮게 찝쩍거리는 아이, 공부만 잘하고 똑똑한 척하는 아이, 어리숙하거나 친구들에게 의지를 많이 하려는 아이, 마음의 표현을 잘하지 않고 내숭떠는 아이가 주를 이룬다.

가해자의 기질

왕따는 상대적인 것으로 피해학생이 있다면 분명히 가해자가 있다. 왕따를 하는 가해자들도 나름대로의 특징을 가지고 있다. 가해자들의 특징을 보면 보통 육체적으로 힘이 세며 폭력적인 아이, 타인에 대한 강한 지배욕을 가지고 있어 남의 의견을 무시하는 아이, 다른 학생들을 지배하고 굴복시키는 것을 좋아하는 아이, 힘과 위협으로 자기주장을 내세우는 아이, 다른 학생들에게 자신의 뜻을 억지로 관철시키려는 욕구가 강한 아이, 성미가 급하고 화를 잘 내는 아이, 충동적이어서 욕구의 지연을 참기 어려운 아이, 속임수를 써서라도 원하는 것을 얻으려는 아이, 동정심이 전혀 없는 아이, 타인을 비난하면서 자신을 정당화하는 아이, 나쁜 행동을 하면서도 죄책감을 잘 느끼지 않는 아이 등이다.

왕따의 가해자들의 가정환경의 특징을 보면 부모들이 아이를 양육할 때 자신의 이익만 알고 타인을 이해하지 못하는 이기적인 아이로 키우거나, 자녀에게 폭력이나 폭언을 사용하여 폭력성을 가르치거나, 과정보다는 결과를 중요시하거나, 자녀의 잘못을 타인 앞에서 무조건 감싸거나, 맞고 들어오거나 따돌림을 당했을 때 혼내면서 "너도 그렇게 해. 내가 책임질게."라고 하며 은연중에 폭력을 가르치는 부모가 많았다.

왕따는 피해학생이 원인을 제공하기도 하지만 때로는 전혀 피해학생이 원인을 제공하지 않아도 일방적으로 가해지는 경우도 있다. 이는 가해 학생이 기질적으로 남을 무시하거나 괴롭혀도 죄책감을 느끼지 않는 성격을 가진 학생일수록 가해자가 될 가능성을 가지고 있다고 할 수 있다.

부모의 처벌위주의 양육 습관

아이들이 가장 먼저 대인관계를 배우게 되는 곳은 가정이다. 아이들은 가족 안에서 배우는 행동양식을 모델링하게 되어 결국에는 습관으로 형성된다. 실제로 부모들이 아이들을 키우면서 매사에 지나치게 지시적이거나, 아이의 잘못된 일에 대해서 야단을 자주 치거나, 매우 공격적으로 자녀를 양육하게 되면 아이들은 타인을 배려하지 않거나 공격적인 성격으로 습관화된다. 이처럼 부모가 아이를 처벌위주로 양육을 하게 되면 아이를 거칠고 공격적으로 만들며, 약한 사람은 괴롭히고 강한 사람에게는 복종하려고 하는 힘의 논리에 빠지게 만들어 왕따의 가해자가 되는 경우가 많다.

경쟁위주의 학벌지상주의

현재 우리나라 학교교육의 궁극적 목적은 대학진학이라고 해도 과언이 아니다. 사회에서도 개인의 적성이나 소질을 계발하고 인격을 도야한다는 교육이념은 허울뿐이고 오직 경쟁에서 살아남는 방법을 가르쳐 결과만 좋으면 된다는 식의 이기적 인간을 만들어내고 있다.

이런 교육 환경에서 자란 아이는 우정과 사랑이라는 덕목보다는 경쟁과 긴장의 관계를 형성하게 된다. 결국 친구라는 존재가 아니라 내가 살기 위해서 밀어내야 하는 경쟁자가 되기 때문에 친구를 괴롭히는 것에 대해 죄책감을 갖지 않게 된다.

5. 왕따를 발견하는 방법

왕따 문제의 효과적인 해결을 위해서는 먼저 왕따가 생긴 것을 빠르게 발견해야 한다. 시간이 늦을수록 아이는 점점 무기력해지고, 자신감을 상실하게 되어 쉽게 회복되지 못할뿐더러, 성인이 되어서도 심각한 정신적인 문제를 겪게 된다. 따라서 왕따가 생기면 바로 발견할 수 있어야 하는데 그 발견하는 방법을 보면 다음과 같다.

학교에서 나타나는 현상

학교에서 왕따를 발견하는 데 가장 중요한 역할은 하는 사람은 담임교사다. 담임교사는 왕따로 피해를 받는 학생이 있는지 관심을 갖고 관찰해야 한다. 왕따는 은밀히 일어나기 때문에 교사가 관심을 갖고 알아보지 않는 이상 발견하기 어렵기 때문이다. 학교에서 담임교사가 발견할 수 있는 왕따의 단서들은 다음과 같다.

- 친구들이 놀리거나 괴롭혀도 가만히 있는다.
- 아침에 학교에 오는 것을 매우 힘들어 한다.
- 노트나 연습장에 "죽고 싶다", "학교 가기 싫다" 등의 낙서가 되어 있다.
- 머리나 배가 자주 아프다고 호소한다.
- 전화가 자주 오거나 메시지 확인을 자주 한다.
- 지각을 자주 한다.
- 학용품 및 소지품이 자주 없어지거나 파손되는 경우가 많다.
- 얼굴 표정이 어둡다.
- 이름을 부르면 놀라거나 반응이 느리다.
- 예전에 비해 목소리에 자신감이 없다.
- 복장이 구겨지거나 더렵혀져 있다.
- 잘 씻지 않고 다닌다.
- 거짓말을 하는 것처럼 느껴진다.
- 아이들과 잘 어울리지 못한다
- 이기적이며 자신의 생각만 주장한다.
- 친구들이 놀릴 때 부끄럼을 많이 타거나 과잉반응을 보인다.
- 농담과 진담을 구분하지 못한다.
- 교사의 관심과 애정을 지나치게 원한다.

이상과 같은 단서가 발견되면 우선 학생이 왕따를 겪고 있는 것으로 판단하고 주의깊게 학생을 관찰한 후 추가로 상처를 받지 않도록 상담을 진행하여 왕따를 해결하도록 해야 한다.

가정에서 나타나는 증상

피해학생은 부모에게 왕따 당한 것을 털어놓으려고 하면 심한 수치심을 느낀다. 그리고 고자질을 하는 것이 아닌가 걱정하여 왕따를 당하고도 그 사실을 숨기는 경우가 많다. 그래서 대다수의 부모는 아이가 왕따를 당하는지 눈치조차 채지 못하고 지나가는 경우가 많다. 그러나 다음과 같은 상황들을 가끔 눈여겨 본다면 아이가 왕따를 당하는지 아닌지를 판별하는 데 도움이 된다. 다음 항목들은 가정에서 왕따 피해자들이 보이는 증상이다.

- 옷이 찢어지거나 엉망이 되는 경우가 있다.
- 책이나 학용품이 자주 망가지거나 없어진다.
- 멍이 들거나 상처가 있는데 이유를 설명하지 않는다.
- 친구들을 집으로 거의 데려오지 않고, 친구들 집에 놀러가는 일도 없다.
- 밖에 나가 놀려고 하지 않는다.
- 친구들로부터 전화가 안 오고, 전화가 와도 부적절하게 받는다.
- 학교에 가는 것을 꺼린다.
- 식욕이 없다고 한다.
- 특히 아침에 머리나 배가 반복적으로 아프다고 한다.
- 예전보다 용돈을 자주 요구한다.
- 갑자기 도벽이 생겼다.
- 친하게 지내던 친구가 오지 않거나, 친구들과의 교류가 갑자기 없어

졌다.

- 화를 내지 않아도 될 상황에서 화를 낸다.
- 동생 및 엄마에게 공격적인 행동을 보인다.
- 전학가고 싶다는 말을 한다.
- 등교나 하교할 때 다른 아이들이 지나는 길이 아닌 '엉뚱한 노선'을 택한다.
- 악몽을 꾸면서 잠을 설치고, 꿈을 꾸면서 운다.
- 학업에 대한 흥미를 잃고, 성적이 떨어진다.
- 슬프고, 우울해 보인다.
- 짜증을 부리고 갑자기 화를 내는 등 감정의 기복이 심하다.

이상과 같은 단서가 발견되면 우선 학생이 왕따를 겪고 있는 것으로 판단하고 아이가 더 이상 상처를 받지 않도록 상담을 진행하여 왕따를 해결하도록 해야 한다.

6. 왕따의 예방 방법

왕따는 일어나기 전에 예방하는 것이 가장 좋다. 이미 왕따가 진행되었다면 피해자는 정신적으로 고통을 받기 시작하고, 가해자는 돌이킬 수 없는 없는 상황으로 빠질 수도 있기 때문이다. 왕따를 해결하기 위해서는 학교나 가정에서 모두 나서야 한다.

먼저 학교에서는 다음과 같은 예방활동을 해야 한다.

- 교사는 학생들에게 수시로 왕따의 문제점과 왕따가 될 수 있는 행동들과 왕따로 인해서 생기는 피해를 수시로 알려준다.
- 왕따와 관련된 주제를 가지고 모둠활동, 전체 토론, 역할놀이 등의 기회를 제공한다.
- 왕따와 관련해서 설문지를 실시한다.
- 학급도우미를 임명하여 향후 따돌림 발생을 인지하고 필요시에는 개입하여 도움을 주게 할 수 있다.

가정에서는 왕따가 무엇이고, 왕따를 받는 증상들이 무엇인지를 알려준다. 그리고 왕따의 기미가 생기면 언제라도 말해야 한다고 알려준다. 그리고 왕따가 생겨서 자신이 노력해도 문제가 해결되지 않을 것 같으면 타인에게 도움을 요청하는 것은 고자질이 아니고 나쁜 일도 아니라고 알려준다.

왕따를 당하는 것을 부모에게 말하는 것은 몸이 아파 참고 있다가 병원에 가는 것과 같다고 하여 같은 일이 발생했을 경우에는 꼭 도움을 요청하라고 설득해야 한다. 그리고 문제를 이야기 하면 부모가 끝까지 문제를 해결하도록 도와줄 수 있다고 아이에게 신뢰감과 자신감을 주어야 한다.

7. 왕따의 해결 방법

왕따를 당한 학생들에 대해 연구해 온 학자들의 연구 결과를 보면 어릴 때 왕따의 희생자가 되었던 아이들은 건강한 어른으로 성장하는 데 지장을 받는 경우가 훨씬 많다고 말한다. 즉, 왕따를 받았던 아이들은 어른이 되었을 때 문제행동에 더 많이 노출되거나, 실업률이 더 높고, 정신건강 관련 문제를 더 경험하게 되는 것으로 나타났다. 따라서 왕따가 생기지 않게 하면 좋지만 왕따는 어쩔 수 없는 사회현상이기도 한다. 왕따를 예방하는 것이 가장 좋지만 그것이 제대로 되지 않을 때는 효과적인 해결을 위한 해결방법이 있어야 한다.

왕따 피해학생은 1차적으로 왕따를 받고 이로 인해 2차적으로 심리적 불안감, 부적응 등이 지속적으로 나타난다. 따라서 왕따 문제를 제대로 해결해주지 못할 때는 피해학생에게 돌이킬 수 없는 결과를 가져오게 할 수 있다.

왕따 문제의 효과적인 해결을 위해서는 피해자와 가해자간의 직접적인 해결은 이미 의미가 없기 때문에 피해자나 가해자의 부모, 담임교사 및 학교 당국, 상담전문가 및 의료인이 적절한 역할을 해주어야 한다.

교사의 역할

학교에서 왕따를 당하는 학생들은 자신이 당하고 있는 일을 교사에게 알리게 되면 고자질했다고 더 심한 따돌림을 당할 것이라는 공포심을 가지고 있다. 그렇기 때문에 왕따를 발견하거나 학생이 왕따를 당한 것에 대해 상담하려고 할 때는 신중하게 다음과 같은 순서로 해결해야 한다.

- 학생이 그동안 당했을 심리적 고통과 현재 처한 어려운 입장을 충분히 공감해 주어야 한다.
- 교사에게 말한 내용을 철저히 비밀로 지켜서 더 이상 피해를 당하지 않을 것이라고 안심을 시켜서 하고 싶은 말을 충분히 할 수 있는 분위기를 조성해 주어야 한다.

- 학생과의 상담과정에서 교사가 피해사실이 구체적으로 어떤 것이 있었는가를 확인한다.
- 학생과의 상담과정에서 학생이 당한 신체적·정신적 피해 정도를 파악한다.
- 교사는 피해학생과 충분히 상담 후 상담내용에 따라 해결방법을 선택한다.
- 사실 확인을 위해서 가해학생, 목격자가 될 수 있는 친구들을 불러서 면담한다. 면담할 때는 피해학생에게 더 이상의 피해가 생기지 않도록 단단히 주의한다.
- 경미한 사안에 대해서 가해 학생이 사과하고 타협을 보면 마무리를 할 수 있다. 타협이 잘되어도 피해학생과 가해학생을 대상으로 왕따 예방교육을 실시한다.
- 피해가 크면 피해자 및 가해자의 부모와 차례로 면담을 실시해야 한다.
- 피해가 커서 교사 혼자 처리하기에는 무리가 있다고 판단이 들면, 학교의 전문상담교사나 순회상담교사를 활용하여 자문이나 지원을 요청하는 것이 좋다.
- 또는 각 학교마다 의무적으로 설치하도록 되어 있는 학교폭력자치위원회에 사건을 의뢰할 수도 있다.
- 피해학생의 신체적 폭력정도가 심각한 경우나 심리적 상처가 커서 우울, 불안, 공포, 피해의식 등의 증상이 지속될 경우 병원에서 전문적 진단과 상담을 받도록 의뢰한다.

부모의 역할

부모는 아이의 피해 사실을 알았을 때 당황하지 말고 침착하게 행동한다. 부모는 아이가 심적으로 더 이상 다치지 않도록 마음을 이해해주면서 왕따 문제를 끝까지 해결해 줄 수 있다는 신뢰감을 심어 주어야 한다. 그리고 다음과 같은 방법으로 해결해야 한다.

- 아이에게 왕따의 원인과 결과 증상을 정확하게 물어야 한다. 이때 주관적 입장에서 들으면 아이의 말만 믿고 피해학생이나 학교에 바로 문제를 제기하게 되면 더 어려운 일이 생길 수 있다. 따라서 아이의 말을 객관적으로 들어서 우리 아이에게는 어떤 문제가 있는지, 왕따의 문제가 무엇인지를 알아야 한다.
- 피해를 당한 아이가 신체적 상처가 있는 경우, 향후 법적인 상황까지 갈 수 있으므로 외과나 정신과 의사의 진단서를 받아 두는 것이 좋다.
- 자녀의 말을 충분히 듣고 객관적 판단 하에 혼자 해결하기 어려우면 담임교사에게 이야기를 한다. 이때 따돌림의 원인, 피해상황, 가해자 특성에 대해 확실히 파악한 후에 상담을 한다.
- 자녀와의 대화를 통해 공개사과, 재발방지, 피해보상, 전학 등 부모가 원하는 것을 정한 후에 학교에 요구하도록 한다.
- 왕따 피해 사실이 인정된 경우, 담임교사를 통해 가해자와 가해자 부모가 가해 사실을 인정하도록 하며, 가해자 및 그 부모에게 사과를 받고 다시는 따돌리지 않는다는 각서를 받을 필요가 있다.
- 가해학생의 사과나 가해자에 대한 적절한 처벌은 향후 아이의 정서적 후유증을 최소화하는 효과가 있다.

- 피해학생의 부모가 가해학생이나 가해학생 부모를 직접 만나지 않는 것이 좋다. 오히려 가해학생이 앙심을 품고 2차 피해를 줄 수 있거나 가해자 부모가 잘못을 인정하지 않는 경우에는 싸움이 일어날 확률이 많다.
- 만일 가해자의 부모를 만날 경우에는 피해상황을 정확히 알려주고 가해자가 잘못된 행동을 하고 있다는 것을 확실히 전달한 다음 시정하도록 요구하는 것이 필요하다.
- 시정한 것이 제대로 해결되지 않으면 전문상담원, 의사, 변호사의 도움을 받도록 한다.
- 문제가 해결된 후에 아이가 정상적인 생활이 어려우면 정신 건강을 위해서 전문적인 치료를 받도록 해서 빨리 생활에 적응할 수 있도록 도와주어야 한다.
- 이후로도 피해가 생겨 혼자 해결하기 힘든 일이 생겼을 경우에는 언제든지 주변의 믿을 만한 사람에게 도움을 요청하도록 가르친다.
- 만약 문제가 해결된 후에도 아이가 학교 가는 것을 두려워하면서 전학을 강력하게 요구할 경우에는 전학을 고려하여야 한다.
- 왕따 문제가 잘 해결되어도 아이가 다시 왕따를 당하게 되면 그 원인이 무엇인지를 파악하고, 아이에게는 어떤 문제가 있는지 또는 부모 입장에서 자녀지도에 문제가 있는지를 찾아보아야 한다.

8. 왕따를 당하는 아이 지도요령

왕따가 시작되고, 피해가 경미하여 왕따의 피해를 본 학생이 스스로 해결할 수 있을 경우에는 아래와 같이 지도한다.

- 아이가 왕따를 당하는 원인을 잘 모를 경우, 주도적으로 따돌리는 학생에게 따돌리는 이유가 무엇인지를 묻도록 한다.
  예) "○○야, 네가 나를 자꾸 피하고 잘 놀아주지 않아 내가 무척 힘들어. 만일 내가 너한테 잘못한 게 있으면 말해주면 좋겠어. 내가 고치도록 노력할게."
- 자신도 모르게 실수를 하였을 경우, 먼저 사과를 하도록 한다.
  예) "○○야, 지난번 일은 내가 실수를 한 것 같아. 난 그것 때문에 네가 상처를 받을 거라고는 생각 못했어. 내가 사과할게. 그 일로 네가 자꾸 나를 피하고 따돌려서 나도 무척 힘들었어."

- 가해 학생들이 놀리거나 욕을 하며 괴롭힐 때 그냥 웃으며 상냥하게 대하도록 한다. 가해학생들은 피해학생이 울거나, 화를 내거나, 힘들어하는 모습을 하면 흥미를 가지고 더욱 심하고 집요하게 피해를 주는 일이 생기기 때문이다.
- 가해 학생들에게 매일 편지나 휴대폰 문자로 지금 힘든 상황을 잘 전달하여 마음의 문을 열도록 노력한다.
- 지속적으로 따돌림을 당할 경우, 주변의 다른 친구를 찾아 친해지도록 노력한다.

- 자신의 약점이나 단점을 보완하도록 노력한다.
- 잘 할 수 있는 특기를 한 가지 찾아 개발하여 자신의 장기로 삼는다.
- 왕따로 인해 자포자기하지 않고 예전처럼 생활할 수 있다는 확신과 자신감을 가지도록 한다.

9. 가해 학생 지도요령

반대로 우리 아이가 남의 아이에게 왕따로 인해서 피해를 주는 경우도 있다. 이런 경우 부모는 더 이상 왕따가 생기지 않도록 하려면 충분한 지도가 있어야 한다. 그러기 위해서는 다음과 같이 지도하는 것이 좋다.

- 원인이 누구에게 있든지 남을 따돌린 행동은 잘못된 것임을 인정하도록 지도한다.
- 무조건 야단치기보다는 자녀의 행동 중 무엇이 잘못이었는지를 자세히 설명한다.
- 자신이 따돌리고 괴롭힌 친구가 현재 얼마나 큰 고통을 당하고 있는지에 대해 자세히 설명해준다.
- 자신도 따돌림을 당할 수 있다는 것을 설명하고, 그 때의 고통이 얼마나 심할 것인지를 인식하도록 이해시킨다.
- 부모와 자녀가 가해사실을 인정하고 난 후 피해학생에게 정중히 사과를 하도록 한다.
- 정기적인 운동을 통한 에너지 발산, 대인관계 훈련 및 심성훈련 등 상

담교육프로그램 참여 등을 통해 부정적 공격 에너지를 긍정적 에너지로 전환할 수 있도록 도와준다.

- 자신의 행동에 대해 잘못을 인정을 하지 않을 경우, 전문가와 상담을 하고 행동과 성격을 교정하도록 도와준다.

| 참고문헌 |

경기도교육청(2001). 재량활동으로 명문학교를 만듭니다. 경기도교육청

대전석교초등학교(2002). 안전의식 내면화를 위한 교수·학습 프로그램 구안·적용. 연구보고서

전도근(2010). 자기주도적 공부습관을 길러주는 쓰기 전략(교사용). 학지사

전도근(2010). 자기주도적 공부습관을 길러주는 읽기 전략(교사용). 학지사

전도근(2010). 엄마표 초등 읽기 쓰기 길잡이 : 국어, 자기주도적 학습을 위한. 북포스

전도근(2011). 창의적 재량활동 독서교육(교사용). 학지사

전도근(2011). 영혼을 키우는 안철수 리더십. 광문각

전도근(2011). 이순신 리더십·광문각

전도근(2011). 역경 속에서 학문을 꽃 피운 정약용 리더십. 광문각

전도근(2011). 불굴의 도전정신을 가진 정주영 리더십. 광문각

전도근(2011). 엄마표 자기주도학습. 북포스

전도근(2012). 원칙의 힘으로 시대를 열어가는 문재인 리더십. 북스타

전도근(2013). 세계 일류기업 삼성 CEO 이건희 리더십. 북스타

전도근(2013). 국어 자기주도학습 지도법. 학지사

전도근(2013). 자녀의 마음을 여는 코칭맘 스토리. 심지

전도근(2013). 매력적인 사람이 되는 행복한 수다의 기술. 교육과학사

전도근(2014). 수다치료의 이론과 실제. 교육과학사

주영주(2004). 교수매체의 제작과 활용. 남두도서

한국산업안전공단(2003). 교과와 함께하는 안전교육. 한국산업안전공단

한국안전생활교육회(2001). 학교 등의 교통안전교육 체계적 추진방안에 관한 연구. 한국산업안전공단

데일 카네기(Dale Carnegie) 저/최염순 역(2014). 카네기 인간관계론: 인간관계의 최고 바이블. 씨앗을 뿌리는 사람

존 그레이(2001). 자녀교육법. 나비효과

테레시오 보스꼬 저/살레시오 수도원 역(1999). 가톨릭출판사

공저자 소개

전도근

평생교육을 현장에서 실천하고 있는 저자는 공주대학교 사범대학 일반사회교육과를 졸업하고, 경희대학교 교육대학원에서 교육공학을 공부하였으며, 홍익대학교 대학원에서 평생교육정책으로 박사학위를 받았다.

의정부고등학교, 의정부여자고등학교, 화수고등학교에서 16년간 학생들을 지도하였고, 강남대학교에서 5년간 강의하였다. 지금까지 교육, 컴퓨터, 요리, 자동차, 서비스 등과 관련된 50여 개의 자격증을 취득하였으며, 각 대학교, 지방자치단체, 교육청, 평생교육원, 국가전문행정연수원 및 각종 기업체 연수원 등에서 3,000여 회 이상 특강을 하였다.

제1회 평생학습대상 특별상을 수상하였고, SBS 〈순간 포착 세상에 이런 일이〉, KBS 〈한국 톱텐〉에 소개된 바 있다. 〈엄마는 나의 코치〉, 〈아빠대화법〉, 〈생산적 코칭〉, 〈명강사를 위한 명강의 전략〉, 〈자기주도적 공부습관을 길러 주는 학습코칭〉, 〈수다치료의 이론과 실제〉 등을 비롯한 150여 권의 책을 집필하였다.

심수연

한성대학교에서 사회복지학석사를 하였으며, 한국청소년상담복지개발원에서 품성계발전문지도자와 이음부모전문지도자로 활동하였으며 남부교육지원청 Wee센터 멘토, 영등포구 자살위원회 부위원장으로 활동 중에 있다. 또한 진로직업, 인성교육, 다문화 교육, 부모교육, 힐링 전문가로서 전국의 대학이나 농협과 평생교육 기관에서 강의를 하고 있다. 그리고 예비부모 전문지도자와 자녀와 동행하는 부모교육지도자, 청소년자원봉사교육강사 집단상담, 개인상담을 하고 있다.

무엇보다 인성 좋은 아이로 키워라

2014년 9월 1일 1판 1쇄 인쇄
2014년 9월 5일 1판 1쇄 발행

저 자 : 전 도 근 · 심 수 연
발행자 : 김 동 규
발행처 : 교육과학사

경기도 파주시 문발동 광인사길 71
전화 : (031) 955-6956~8 팩스 : (031) 955-6037
Home-page : www.kyoyookbook.co.kr / E-mail : kyoyook@chol.com
등록 : 1970년 5월 18일 제2-73호

ISBN 978-89-254-0861-3

정가 13,000원